마르크스의 특별한 눈

영화 〈청년 마르크스〉(Le Jeune Karl Marx, 2017)의 포스터. 라울 펙이
감독하고 오거스트 디엘이 주연을 맡은 프랑스·벨기에·독일의 합작 영화다.
에이케이엔터테인먼트 수입, 와이드 릴리즈 배급으로
2018년 5월 국내 개봉했다.

마르크스의 눈이 특별한 것은 그가 평범한 것에 놀랐다는 데 있습니다. 정치경제학자들이 특별한 것을 보고 눈이 휘둥그레졌을 때 정작 마르크스는 평범한 것을 보고 신기해했습니다. 휘황찬란한 불빛에 끌리는 물고기가 정작 가장 흔한 물에 대해서는 맹목이듯 정치경제학자들은 자본주의에 대해 맹목입니다. 상품을 다루면서도 상품이 얼마나 신기한 것인지를 모릅니다.

그런데 물을 보고 놀란 물고기 같다고 할까요. 마르크스에게는 상품의 존재가 너무나 신기합니다. 서로 다른 두 개의 상품이 일정한 비율로 교환된다는 것이 놀랍습니다. 여기서 그는 자본주의사회에서 사람들이 교환하고 축적하고 약탈하는 '부'의 정체, '가치'의 비밀을 발견합니다.

마르크스의 정치경제학 비판은 한마디로 '눈'에 대한 비판입니다. 엉뚱한 곳을 보는 눈, 눈앞에 있는 것을 보고도 알아보지 못하는 눈에 대한 비판입니다. 사물의 빛깔이 그 사물에 반사된 빛과 우리 시신경이 맺는 '관계'임을 모르는 눈, '인간들의 관계'를 '사물들의 관계'로 착각하는 눈, 한마디로 '춤추는 책상'에 넋을 잃은 눈에 대한 비판입니다. 그리고 무엇보다 자기 시대가 투명해 보이는 눈에 대한 비판입니다. 자기 시대를 통해서 볼 뿐 자기 시대를 보지는 못하는 눈 말입니다.

그러나 자본주의가 이상하게 보여야 자본주의가 제대로 보이는 겁니다. 자본주의를 이해한다는 건 그것이 역사적으로 얼마나 독특한 사회형태인지를 이해하는 것입니다. 그리고 이때에야 비로소 역사가 보입니다. 다른 시대의 독특함도 눈에 들어오는 것이지요. 이처럼 비판이란 우리 시대와 역사를 볼 수 있는 눈입니다. 이것이 마르크스의 특별한 눈입니다.

차례

일러두기

- 『마르크스의 특별한 눈』은 열두 권의 단행본과 열두 번의 강연으로
  채워지는 〈북클럽 『자본』〉 시리즈의 2권입니다. 〈북클럽 『자본』〉은
  철학자 고병권이 카를 마르크스의 『자본』 I권을 독자들과 함께
  더 깊이, 더 새롭게, 더 감성적으로 읽어나가려는 기획입니다.
- 『마르크스의 특별한 눈』은 『자본』 제1권 제1장 '상품'에 관한
  이야기입니다. 〈북클럽 『자본』〉의 출간 목록과 다루는 내용은 아래와
  같습니다. 괄호 안은 『자본』 I권의 차례이며 독일어 판본(강신준 옮김,
  『자본』, 길)을 기준으로 삼았습니다.

- 〈북클럽『자본』〉에서 저자는 독일어 판본 '마르크스·엥겔스전집' *MEW: Marx Engels Werke* 과 김수행이 우리말로 옮긴 『자본론』(I, 비봉출판사, 2015), 강신준이 우리말로 옮긴 『자본』(I, 길, 2008)을 참고했습니다. 본문 내주는 두 번역본을 기준으로 표기하되 필요하면 지은이가 번역문을 수정했습니다. 단, 본문에서 마르크스의 『자본』 원문의 해당 장(章)을 언급할 때, 시리즈의 3권부터는 독일어 판본을 기준으로 표기하고 영어 판본(김수행 번역본)이 그것과 다를 경우 괄호로 병기했습니다.

- 〈북클럽『자본』〉은 이전에 없던 새로운 활자체를 사용하였습니다. 책과 활자를 디자인하는 심우진이 산돌커뮤니케이션과 공동 개발한 「Sandoll 정체」가족의 530, 630입니다. 그는 손글씨의 뼈대를 현대적으로 되살려 '오래도록 편안한 읽기'를 위한 본문 활자체를 제안하였습니다. 아울러 화자의 호흡을 고스란히 드러내는 문장부호까지 새롭게 디자인하여 글이 머금은 '숨결'까지 살려내기를 바랐습니다.

1

『자본』이
‘상품’에서 시작하는 이유

마르크스의 『자본』은
자본주의사회에선 평범하기 그지없는 것,
바로 '상품'에서 시작합니다.
자본주의가 이상하게 보여야
자본주의가 제대로 보이는 겁니다.
정상적인 것의 기괴함을 보는 눈이 없으면
자기 시대를 비판할 수 없습니다.

1851년 영국 런던 하이드 파크에 지어진 수정궁(The Crystal Palace)에서
만국박람회가 처음으로 열렸다. 마르크스가 런던으로 이주해
정치경제학 공부에 한창 몰입하던 때다. 여기서는 온갖 상품이
마치 예술작품이라도 되는 것처럼 전시되었다.

이제 시작입니다. 우리가 함께 읽어나갈 『자본』 제1권은 모두 일곱 편(영어판은 여덟 편)으로 이루어지고 그중 제1편의 제목은 '상품과 화폐'이며 제1장의 제목은 '상품'입니다. 이 책은 '상품'에서 시작한다는 이야기죠. 왜 '상품'에서 시작할까요? 왜 거기가 출발점인 걸까요?

본문의 첫 장을 넘기자마자 너무 딱딱한 물음을 던졌는지도 모르겠습니다. 그렇지 않아도 가뜩이나 첫 장이 어렵다는 소문이 있는데 말입니다. 하지만 책의 시작, 특히 『자본』의 시작은 중요합니다. 마르크스 스스로가 서술의 출발점을 찾기 위해 무척 노력했거든요.

◦『자본』은 어디서 시작하는가

어디서 시작할 것인가. 이것은 마르크스가 과학에 대해, 특히 과학의 연구방법과 서술방법을 고민할 때 중요한 문제였습니다. 그는 『정치경제학 비판 요강』「서설」 *Grundrisse der Kritik der politischen Ökonomie* "Einleitung"(1857)의 한 절을 '정치경제학 방법'에 할애했는데요.[1] 여기서 이야기합니다. 정치경제학은 현실에서 시작할 수밖에 없다고요. 당연한 말이지요. 과학이 주어진 현실 즉 현상에서 시작해야 한다는 점에는 이견이 있을 수 없습니다. 그런데 그는 곧바로 또 이런 이야기를 합니다. 현상이란 그 자체로는 모호하고 혼돈스러운 표상일 뿐이라고요. 과학이 현상에서 시작하는 것은 옳지만 그렇다고 현상을 그대로 기술하는 것을 과학이라 할 수는 없습니다.

물에 젓가락을 넣으면 구부러져 보입니다. 아무리 '보아도' 그것은 분명히 구부러져 '보입니다'. 그런데 그걸 보고는 젓가락은 물에서 구부러진다고 쓰면 관찰, 그러니까 과학의 출발점은 될 수 있겠습니다만 과학적 성과로서 제시될 수는 없습니다. 현상에 대한 올바른 관찰이기는 하지만 현상을 이해했다고 말할 수는 없습니다. 마르크스의 생각을 따르자면, 물속에서 젓가락이 구부러져 '보이는' 일이 어떻게 해서 일어난 일인지를 보여줄 수 있어야 과학입니다. 어떤 현상을 이해한다는 것은 그런 현상이 어떻게 산출되었는지 해명할 수 있어야 합니다. 그저 현상만을 보고 일상적 경험에 기초해 판단한다면, 마르크스가 다른 글에서 말한 것처럼 과학적 진리는 언제나 이해할 수 없는 역설이 되고 말 겁니다. 우리 눈에 뜨고 지는 것은 태양이지만 실제로 돌고 있는 것은 지구이고 물로 불을 끄지만 물에는 불타는 산소가 들어 있으니까요.[2]

처음에는 누구나 현상을 분석하는 데서 시작합니다. 하지만 분석이 끝나면 이제는 현상이 생겨나는 순서와 방식을 보여주어야 합니다. 이를테면 레고블록 성채(城砦)가 있다고 해봅시다. '분석'이란 이것을 최대한 단순한 수준까지 해체해 보는 일입니다. "최후에는 가장 단순한 규정에 도달해야 한다." 마르크스는 연구를 통해 여기에 도달해야 한다고 했습니다. 하지만 이것이 끝이 아닙니다. 분석을 끝냈으면 이제 종합을 해야 합니다. 각각의 블록을 조립해 다시 성채를 만들 수 있어야 합니다. 이런 순서로, 이런 식으로, 우리 눈앞에 있는 성채가 '산출'될 수 있음을 보여야 하는 거죠. 그뿐만이 아닙니다. 결합방식을 바꾸면 다른 모양의 성채도 만들어낼 수 있다는 것까지 알려줄 수 있어야 합니다. 참고로 '분석'(analysis)과 '종합'(synthesis)은 모두 그리스어에서 유래한 말인데요, '분석'은 끝까지(ana-) 풀어놓는다(lysis)는 뜻을 갖고 있고요, '종합'은 합쳐(syn-) 놓는다(tithenai)는 뜻을 갖고 있답니다.

레고블록 같은 물건들만 그런 게 아니고, 개념도 그렇습니다. 현실의 구체적 개념들은 온갖 규정을 담고 있어 아주 복잡합니다. 마르크스는 '인구'라는 개념을 예로 들었지요. 정치경제학자는 '인구'에 대한 분석으로 연구를 시작할 수 있습니다. 그런데 현실에서 '인구'를 규정하는 요소들은 다양합니다. 다양한 인구현상, 이를테면 인구의 증감이나 이동 등을 규정하는 요소들이 있겠지요. '계급'도 그중 하나입니다. 그런데 '인구'처럼 '계급'도 더 분석해 들어갈 수 있습니다. '임금', '노동', '자본' 같은 규정이 그렇습니다. 이런 식으로 분석은 계속 진행될 수 있습니다. 가능한 한 빨리, 가능한 한 단순한 규정에 이르러야 합니다. 그러고는 이 단순한 규정을 다시 조립해 현실의 인구현상들을 해명할 수 있어야 합니다.

예컨대 토머스 맬서스(T. Malthus)는 인구의 자연증가가 모든 빈곤의 원인인 것처럼 말했지만, 끔찍한 재난 때문에 인구가 급감한 곳에서도 '과잉인구 문제'는 있습니다. 19세기의 아일랜드 같은 곳이죠. 1841년과 1861년 사이 아일랜드 인구는 3분의 1이나 감소했습니다. 기아로 많은 사람이 죽었고 또 많은 수가 이민을 갔기 때문입니다. 그런데도 인구는 여전히 너무 많아 보입니다. 도시에서는 실업자가 넘쳐나고 농촌에서는 경작민 수가 줄었는데도 땅에 비해 인구가 많습니다. 맬서스라면 인구가 너무 늘어나서 그렇다고 말해야겠지요. 그런데 인구의 절대적 감소에도 불구하고 과잉인구현상이 나타났습니다. 더욱이 이 와중에 농업자본가의 이윤이나 지주의 지대수익은 크게 증가합니다. 어찌 된 일일까요. 도시의 산업은 기계화되고 농촌에서는 토지집중과 경작지의 목장화가 일어났습니다. 그래서 인구가 3분의 1이 줄었는데도 사람이 많았지요.

마르크스는 자본주의 분석을 통해 도달한 단순한 개념들을 종합하면서 이런 인구현상이 생겨나는 이유를 밝힙니다. 자본 축적과 인구 축적이 긴밀히 연계되는, 자본주의에 고유한 인구법칙이 있는 거죠. 생물학적으로는 인구가 감소해도, 산업이 그 상쇄 분을 넘는 잉여인구를 낳으면 '상대적 과잉인구' 현상이 나타납니다. 이렇게 해서 생겨난 인구들은 다른 시대에는 볼 수 없는 독특한 움직임을 보이지요. 우리는 이 내용을 『자본』 제1권의 끝에 가서 볼 겁니다. 제1장 '상품'을 읽으면서 이것이 우리 시대의 인구현상과 관련될 거라고 생각하는 사람은 거의 없을 겁니다. 하지만 『자본』의 끝에 가면 우리는 우리 시대의 구체적 인구현상들이 어떻게 생겨났는지를 이해하게 됩니다. 마르크스에 따르면 이런 게 바로 과학입니다.

마르크스는 『자본』의 제2독일어판 후기에서 연구방식과

서술방식은 다르다고 했습니다. 연구 조사를 할 때는 현상을 세세히 파악하고 상이한 전개형태들을 분석하고 그것들의 연관을 탐지합니다. 하지만 서술할 때는 마치 미리부터 그렇게 되어 있었던 것처럼 보여준다고 했습니다. 나는 연구순서와 서술순서에 대해서도 같은 이야기를 할 수 있다고 봅니다. 현상에서 가장 단순한 것에 이를 때까지 분석하고 그 연관을 알아내는 것이 '연구'라면, 분석된 가장 단순한 것에서 시작해 복잡한 현상들을 보여주는 것이 '서술'이라고요.

이 점에서 『자본』의 출발점은 중요합니다. 마르크스는 '상품'을 출발점으로 삼았습니다. 이 시리즈의 1권 『다시 자본을 읽자』에서 나는 '현미경' 이야기를 했는데요. 마르크스는 『자본』 서문에서 자본주의 생산양식의 가장 단순한 형태, 즉 경제적 세포로서 '상품'을 지목합니다. 정확히는 "노동생산물의 상품형태" 또는 "상품의 가치형태"라고 표현했습니다. '가치형태'라는 말은 조금 뒤에 자세히 살펴보기로 하고요. 일단은 마르크스가 '상품'을 세포로, 다시 말해 출발점으로 지목했다는 점을 강조해둡니다. 말하자면 상품은 '부르주아사회'와 '자본주의'라는 성채를 구축할 때 출발점이 되는 가장 작은 블록입니다.

좀 이상하게 들릴지 모르겠습니다만, 마르크스에게 상품은 출발점이지만 그 전에 도달점이라고도 할 수 있습니다. 책의 출발점은 연구의 도달점입니다. 연구가 이른 곳이 책이 시작하는 곳입니다. 이 점에서 마르크스가 『자본』을 집필하기

전에 쓴 『정치경제학 비판 요강』(1857~1858)은 아주 흥미롭습니다. 『정치경제학 비판 요강』은 몇 권의 연구노트로 이루어졌는데, 연구노트의 마지막 권에 '1'이라는 번호가 붙은 짤막한 글이 있어요. 여기에 이런 말이 쓰여 있습니다. "부르주아적 부가 나타나는 첫 번째 범주는 상품이다."[3] 연구노트의 맨 마지막에 이르러, 책의 처음에 써야 할 것으로 '상품'을 지목한 겁니다. 그러고는 여기에 책의 제1장에 들어갈 내용을 간단히 적었습니다. 마치 이제야 출발점을 분명히 알겠다는 듯이 말입니다.

실제로 당시 출간된 저서인 『정치경제학 비판을 위하여』(1859)와 『자본』(1867)에서는 '상품'을 제1장에 놓습니다. 공부를 하고 나서야 '마침내' '출발점'을 찾은 거죠. '마침내'(끝)라는 말과 '출발점'(시작)이라는 말을 나란히 써두니 느낌이 기묘하죠?

　　　　　。영웅 아가멤논은 '부자'였을까?

그렇다면 상품에서 출발한다는 건 어떤 의미가 있을까요? 마르크스가 초판 서문에 붙여놓은 염려가 떠오르네요. "첫 부분이 어렵다는 것은 어느 과학에서나 마찬가지다. 그러므로 여기서도 제1장, 특히 상품 분석이 들어 있는 절을 이해하기가 가장 힘들 것이다."[김, 3] 출발점에 서자마자 우리는 여기가 제일 어렵다는 무시무시한 경고를 듣습니다. 마치 초입부터 직벽(直壁)처럼 느껴지는 등산로 같네요. 누군가에게는 도전

욕구를 불러일으키고 누군가에게는 위안이 되고 누군가에게는 근심이 생기겠죠. '그래, 한번 해볼까', '나만 어려운 건 아니구나', '괜히 나섰나' 등등 마르크스의 경고에 대한 반응은 다양할 겁니다.

자, 이제 정말 첫발을 내딛습니다. 첫 단락 첫 문장에서 마르크스는 '상품'에서 시작하는 이유를 밝힙니다. 그대로 옮겨볼게요. "자본주의 생산양식이 지배하는 사회의 부는 '방대한 상품더미'로 나타나는데(erscheinen), 개개의 상품은 부의 기본형태(Elementarform)다. 그러므로 우리 연구는 상품에 대한 분석에서 시작한다."[김, 43] 요컨대 '자본주의 생산양식이 지배하는 사회'에서는 '부'가 '상품더미'로 나타나고 '부의 기본형태'는 '상품'이기 때문에 이 책『자본』을 '상품'에서 시작한다는 이야기입니다.

문장을 하나씩 뜯어볼까요. 먼저 '자본주의 생산양식이 지배하는 사회의 부'라는 표현이 있습니다. 이 말은 자본주의가 아닌, 다른 생산양식이 지배하는 사회의 '부'도 있다는 뜻이죠. 그리고 그건 부르주아사회 곧 자본주의 생산양식이 지배하는 사회의 '부'와는 다를 것이라는 뜻이 들어 있습니다.

『자본』제1장을 읽다 보면 마르크스가 "우리가 고찰하는 사회형태에서는" 등의 한정적 표현을 자주 쓴다는 걸 알 수 있습니다. 물고기가 물을 보지 못하듯 우리는 우리가 사는 사회의 형태가 역사적으로 얼마나 특수한지, 다시 말해 우리가 얼마나 이상한 사회에 살고 있는지 알지 못합니다. 자본주의가 이상하게 보여야 자본주의가 제대로 보이는 겁니다. 정상적인 것의 기괴함을 보는 눈이 없으면 자기 시대를 비판할 수 없습니다.

자본주의 생산양식이 지배하는 사회, 다시 말해 우리 사회의 '부'가 정말로 특별한 것이냐고요? 옛날 여행기들에서 이런 묘사를 본 적이 있을 겁니다. 그 나라는 모든 것이 풍족하다, 땅이 기름지고 기후가 온화하여 온갖 작물이 잘 자라고 나무에는 과일이 주렁주렁 열려 있다, 사람들이 일하지 않아도 먹을 것이 넘쳐난다……. 여행기의 저자들은 방문지에 천혜의 땅이니 풍요의 나라니 하는 말을 붙입니다. 그런데 옛날 여행기에 나오는 이런 풍요로운 나라는 자본주의에서 말하는 부유한 나라가 아닙니다. 애덤 스미스(A. Smith)가 '국민의 부'라고 말했을 때의 그 '부'가 아닙니다.

고대의 권력자나 영웅을 묘사하는 말들은 어떨까요? 그가 지배하는 땅은 한 달을 걸어가도 끝에 이를 수 없으며 노비가 수백 명이고 창고에 온갖 진귀한 보석과 장신구가 있으며, 그의 갑옷과 투구, 창은 신(神)조차 탐낼 만한 것이었다……. 어떤가요. 이 사람은 자본가일까요. 이 사람이 가진 물건들이 자본주의에서 말하는 '부'일까요. 그는 틀림없이 부자일 것 같습니다. 그 땅에서는 그를 '부자'라고 불렀을 수 있습니다. 그러나 엄밀하게 따지면 그는 우리 시대의 '부자'와는 다릅니다. 〈북클럽 『자본』〉 시리즈 1권(『다시 자본을 읽자』)에서 말했듯 역사를 '대강' 보면 안 됩니다.

마르크스는 '물욕'(物慾)과 '치부욕'(致富慾)을 구분했습니다. 그는 '물욕'과 달리 '치부욕'은 자연적인 게 아니고 역사적 산물이라고 했습니다.[4] '부'에 대한 욕망은 '옷, 무기, 장신구, 여자, 포도주 등에 대한 욕망'과 다르다고 했지요. 어떤 사물을 갖고 싶어하는 것과 부자가 되고 싶은 것은 전혀 다른 문제라는 겁니다.

우리 시대 '부자'는 자신의 물건들을 언제든 다른 물건과 바꿀 준비가 된 사람입니다. 어떤 물건을 소유한 이유가 그 물건에 대한 사랑 때문이 아닙니다. 넓은 땅이 주는 시각적 만족과 땅을 밟았을 때의 촉감 때문에 땅을 사들이는 사람이라면 모를까, 부동산에 투자하는 사람들이 땅을 사랑하는 이유는 대부분 사물로서 땅이 갖는 물리적 성질과는 아무런 관계가 없습니다. 이들은 언제든 금이나 주식으로 갈아탈 준비가 되어 있지요.

그런데 성질이 완전히 다른 사물들을 놓고 '부'를 비교할 수 있으려면, 그것들 모두를 관통하는 '일반적인 부' 개념이 형성되어 있어야 합니다. 그리고 그것을 잴 수 있는 단위와 수단, 이를테면 '화폐'제도가 발달해야 하죠. 즉 치부욕의 출현은 화폐경제의 발전을 '전제'합니다. 따라서 트로이전쟁 때 그리스 연합군을 이끈 아가멤논은 보물은 많았을지 몰라도 부자는 아니었다고 할 수 있습니다.

그럼 '정신적 풍요'는 어떨까요? 부탄이라는 나라에 대해 들어보았을 겁니다. '국민행복지수'(gross national happiness)로 보면 세계 최상위권 나라입니다. 정신적 풍요를 누리는 나라라는 뜻이지요. 하지만 '자본주의 생산양식이 지배하는 사회형태'의 '부' 개념에 입각해서 보면 어떨까요. 이 나라는 부자일까요? '국민소득'(national income) 관점에서 보면 부탄은 세계 최하위권 나라입니다.

예전 우리 사회에서는 부자를 '천석꾼', '만석꾼' 등으로 불렀습니다. 볏가마 수로 이야기한 겁니다. 한 해에 천 가마, 만 가마를 수확할 수 있다면 엄청나게 넓은 땅을 가졌을 테고 그것을 추수할 노동력, 즉 많은 사람을 부린다는 거니까, 정말 부자 맞습니다. 하지만 어느 해 쌀이 이례적으로 풍작이었다면 그해의 천석꾼은 전해의 천석꾼보다는 부자가 아닙니다. 가마에 들어간 낟알은 늘어났지만 그의 부는 줄게 됩니다. 물적으로는 늘었는데도 부는 감소할 수 있습니다.

'자본'을 이해하고 '자본주의 생산양식'을 이해하려면, 자본주의에서 사람들이 생산하고 늘려가길 원하는 '부'가 무엇인지를 알아야 합니다. 우리 시대 많은 사람은 부자가 되려고 발버둥 칩니다. 그런데 그 '부'라는 것이 참 모호합니다. 그것은 넓은 땅일 수도 있고 커다란 저택일 수도 있고 멋진 자동차일 수도 있고 쌓아놓은 볏단일 수도 있습니다. 그러나 꼭 그것이라고 말할 수도 없습니다.

정치경제학은 '부'에 관한 학문입니다. 일단 '부'가 무엇인지를 밝혀야 하지요. 거기서 시작해야 합니다. 그래서 『자본』의 첫 문장 첫 어구의 의미가 내게는 이렇게 읽힙니다. '자본주의 생산양식이 지배하는 사회의 부는 좀 이상한 것이다. 우리의 이야기는 이것의 정체를 밝히는 데서 시작한다.'

○ 자본주의사회의 '부'와 부의 '척도'

마르크스가 비판의 대상으로 삼은 19세기 정치경제학의 고민도 여기서 시작되었습니다. 부의 진정한 척도 말입니다. 애덤 스미스를 근대 경제학의 아버지라고 말하는 사람들이 있습니다. 학문의 아버지니 어머니니 하는 말이 좀 우습긴 합니다만, 그래도 스미스에게 그 말이 합당하다면 그것은 그가 부의 진정한 척도에 관해 물음을 던졌기 때문입니다. 그의 용어로 말하자면 그는 '모든 상품들의 진정한 가격'을 물었습니다.

스미스 시대에 화폐가 없었던 것은 아닙니다. 그러나 화폐는 '상대적' 척도의 역할만 했습니다. '진정한' 척도는 아니었다는 거죠. 금은으로 만든 화폐는 금은의 생산량이 변하면, 그러니까 금광이나 은광이 발견되면, 그걸로 표시하는 상품들의 가격표를 바꿉니다. 상품들은 그대로인데 상응하는 귀금속의 양이 늘기 때문에 가격이 오릅니다. 스미스는 이것을 가리켜 "마치 두 팔, 한 주먹처럼 척도 자신이 변하는 관계로 정확한 척도일 수 없다"라고 했습니다.[5] 아이의 팔과 어른의 팔이 다르고 이 사람의 주먹과 저 사람의 주먹이 다른데 그 다른 것을 척도로 쓸 수는 없다는 이야기입니다.

부는 욕구나 효용 같은 걸로 잴 수도 없습니다. 이 역시 사람마다 처지마다 다를 테니까요. 목마른 사람에게는 물이,

치장하고 싶은 사람에게는 다이아몬드가 더 큰 효용을 갖겠죠. 따라서 이런 것들로는 부에 대해 말할 수가 없습니다.

스미스가 '진정한 가격', 다시 말해 부의 '실체'로 제시한 것은 '노동'입니다. 상품들의 가치는 그것에 들어 있는 인간의 '수고'만큼이라고 말입니다. 금이나 은도 그것을 생산할 때 수고가 들었을 것이고, 다른 상품들도 거기에 일정량의 수고로움이 들어 있을 테니 그만큼의 비율로 교환될 것이라는 이야기입니다.

사실 여기에는 경제적 의미만큼이나 도덕적 의미가 담겨 있습니다. 스미스는 『국부론』*An Inquiry into the Nature and Causes of the Wealth of Nations*(1776)의 저자이기 이전에 『도덕감정론』*The Theory of Moral Sentiments*(1759)의 저자입니다. 경제학자이기 이전에 도덕철학자였죠. 나는 『국부론』 저자가 쓴 『도덕감정론』이라고 말하기보다, 『도덕감정론』 저자가 쓴 『국부론』이라 말하곤 합니다. 『국부론』의 '노동가치설'에는 근면 윤리가 강하게 배어 있습니다. '국가의 부'의 원천은 땅의 비옥함도 아니고 거대한 광산도 아니라는 겁니다. 진정한 부는 사람들의 근면한 노동이며 열심히 일하는 사람이 많은 나라가 부유한 나라라는 생각이 담겨 있습니다.

'진정한 부의 척도'에 대한 고민을 더 명확히 한 것은 데이비드 리카도(D. Ricardo)입니다. 그가 쓴 『정치경제학 및 과세의 원리』*On the Principles of Political Economy and Taxation*(1817) 제20장의 제목이 '가치와 부, 그것들의 상이한 특성'인데요.[6] 엄밀히 하자면, 여기서 말한 '부'는 이전 시기 사람들이 생각했던 부이고, '가치'는 19세기 정치경제학이 다루는 부입니다. 그는 양말을 예로 들었는데요(우리가 시리즈 1권에서 이미 살펴본 바 있지요). 양말을 1000켤레 생산하던 공장에서 생산성 향상으로 수고로움의 첨가 없이 양말을 2000켤레 생산하게 되었다면, 재화의 관점에서는 부가 두 배로 늘었지만 실제로 가치가 두 배로 늘어난 것은 아니라고 했습니다. 한 켤레에 들어가는 수고가 반으로 줄어든 것뿐이니까요. 가치의 양은 재화의 양이나 욕구의 양과 비례하지 않습니다.

그러니까 『자본』 제1장 '상품'에서 마르크스가 쓴 첫 문장, "자본주의 생산양식이 지배하는 사회의 부"는 바로 이 19세기적 의미에서의 '부' 즉 '가치'에 관한 것입니다. 나는 앞서 『자본』이 '상품'에서 시작한다고 했습니다. 하지만 이제 더 분명히 말해야겠습니다. 엄밀히 말하자면 『자본』은 '상품'에서 시작한다기보다 '가치'에서 시작합니다. 자본주의사회의 '부' 개념을 먼저 제시한 겁니다. 자본주의에서 '부' 즉 '가치'가 어떻게 생산되고 축적되는지 논하기 전에 도대체 그것이 무엇인지를 밝히는 게 필요했던 겁니다.

『자본』은 '가치'에 관한 논의에서 시작한다고 말하는 것이 옳습니다. 다시 말해 『자본』 제1장 제1절은 '가치' 개념을 다룹니다. 앞서 『정치경제학 비판 요강』의 마지막 글에서 마르크스가 '상품'을 "부르주아적 부가 나타나는 첫 번째 범주"로 지목했다고 했는데요. 그는 이 글에도 '1'이라는 번호와 함께 '가치'라는 제목을 붙였습니다.

'가치'는 자본의 출발점이기도 하지만 앞으로 논의가 이루어질 공간 내지 영토이기도 합니다. 어떤 물건은 이 가치공간에 거주할 수 있는 한 '가치 있는 물건' 즉 '상품'이 됩니다. 마르크스의 표현을 빌리자면 '가치'는 상품세계의 시민권 같은 겁니다("상품으로서 아마포는 상품세계의 한 시민이다"). 앞으로 자본과 관련해 언급되는 말들, 이를테면 교환되고 생산되고 증식되고 약탈되고 축적되고 확대되는 것은 바로 '가치'를 가리킵니다.

◦ 부의 기본형태로서 '상품'

이제 그다음 구절을 보겠습니다. 그러고 보니 첫 문장 하나를 붙들고 너무 많은 시간을 썼다는 생각이 드네요. 하지만 정말이지 몇 번이고 음미해야 할 문장입니다. "자본주의 생산양식이 지배하는 사회의 부"는 "'방대한 상품더미'로 나타나며, 개개의 상품은 부의 기본형태다"라고 했습니다. 상품에 대한 분석에서 논의를 시작하는 것은 '부'가 '상품의 형태'로 '나타나기' 때문이라는 겁니다.

여기서 먼저 주목할 것은 '부' 즉 '가치'가 직접 나타나지 못한다는 사실입니다. 부는 '직접' 나타나지 못하고 다른 형태로 나타납니다. 이것이 '상품의 형태'로 '나타난다'(erscheinen)라는 말의 뜻입니다('나타난다', '보인다', '현상한다' 등등의 말에 주목해주세요). '가치'는 직접 나타나지 않으므로 누구도 '가치'를 직접 보거나 만질 수 없습니다. 가치는 감각할 수 있는 게 아닙니다. 금덩어리를 어떤 물리적·화학적 처치로 분해한다 해도 거기서 '가치'를 떼어내 보여줄 수는 없습니다.

하지만 '가치'는 '없는' 게 아닙니다. 그것은 '나타납니다'. 어떤 점에서 우리는 그것을 '봅니다'. 직접 나타나지는 못해도 무언가의 몸을 빌려 나타나주니까요. 부는 '방대한 상품 더미'로 나타난다고, '상품은 부의 기본형태'라고 했는데요. 말하자면 '상품'이라는 형태로 나타납니다. 상품은 가치가 나타나는 형태, 즉 '가치의 현상형태'인 셈입니다. 상품을 '가치형태'라고 말하는 것은 이런 의미입니다.

우리에게 나타나는 것, 우리 눈에 보이는 '부'는 넓은 집, 멋진 자동차, 커다란 금덩어리입니다. 우리는 그런 식으로 '부'와 '부자'를 봅니다. 하지만 집, 자동차, 금덩어리는 모두 사물들이지 그 자체로 '부'는 아닙니다. 그런데 '부' 즉 '가치'는 그런 것들로 표현될 수밖에 없습니다. '가치'는 사물이 아닌데 사물을 통해서 나타날 수밖에 없습니다. 그것도 마치 그 사물 안에 들어 있는 것처럼 말입니다. 그래서 우리는 빛나는 금덩어리를 보면서 그 안에 가치의 원자라도 있는 듯 착각합니다.

우리는 한편으로 '가치'를 볼 수 없고 다른 한편으로는 '가치'를 봅니다. 매일 아침 바게트 빵을 산더미처럼 쌓아두고 파는 빵집이 있다고 합시다. 우리는 그 빵집 주인이 매일 벌어들이는 '가치'를 직접 볼 수는 없습니다. 우리는 단지 '빵'

만 봅니다. 우리는 '빵'만 만질 수 있습니다. 하지만 우리는 빵의 커다란 더미에서 '부'가 쌓여 있는 것을 봅니다. 물리적으로 볼 수 없고 만질 수 없는 것을 보고 있는 겁니다. 아무런 색깔도, 향기도, 촉감도 없지만 우리는 그것을 지각합니다.

누구보다 빵집 주인이 그것을 잘 압니다. 그는 빵을 팔아서 번 돈으로 땅을 샀는데 주식시장이 타오르자 땅을 주식으로 바꾸었습니다. 빵에서 땅으로, 다시 주식으로 옮겨 가는 동안 사물은 완전히 다른 것으로 모습을 바꾸었지만 그는 똑같은 것을 보고 있습니다. 빵으로도 나타나고, 주식으로도 나타나고, 땅으로도 나타나는 그것 말입니다. 상품이 쌓여 있다는 것은 한편으로 어떤 사물이 쌓여 있다는 것을 의미하지만(물리적 집적), 다른 한편으로는 얼마만큼의 가치가 쌓여 있다는 것을 의미합니다(경제적 집적).

'가치'란 제 스스로는 나타나지 못하지만 이처럼 어떤 사물에 깃들어 나타납니다. 가치가 깃든 사물을 우리는 상품이라고 부릅니다. 자본주의 생산양식이 지배하는 사회에서 '부'는 이런 독특한 성격을 갖는다는 것이 『자본』의 첫 문장이 의미하는 바입니다. 누군가의 몸을 빌려 존재하는 것, 직접 보이지 않지만 존재하는 것, 어째 유령 같은 이야기 아닙니까.

○ '상품'에는 무언가가 있다

'방대한 상품더미'로 표현된 부. 마르크스가 이런 이미지를 떠올릴 수 있었던 것은 그가 영국 런던에 살고 있었다는 사실과 무관치 않을 겁니다. 런던은 전 세계에서 생산된 상품들이 모여드는 곳이었으니까요.

1851년 런던에서 만국박람회가 열렸습니다. 마르크스가 런던으로 이주해 한창 정치경제학 공부에 몰입하던 때였습니다. 박람회는 말 그대로 상품 전시회입니다. 상품을 제작하는 것도, 파는 것도, 소비하는 것도 아닙니다. 박람회장은 그냥 전시하는 자리입니다.

그런데 상품 전시에는 특별한 의미가 있습니다. 전시는 오랫동안 예술작품의 영역이었으니까요. 지금도 우리는 상점이나 백화점의 어느 공간에, 유리로 둘러싸인 채 특별한 조명을 받는 상품들을 볼 수 있습니다. 마치 미술관에 걸린 그림이나 조각처럼, 마치 대단한 작품인 듯 놓여 있는 상품들을 보는 겁니다.

작품에 아우라가 깃드는 것처럼 상품에도 뭔가 깃들어 있어 보입니다. 상품에 특별한 조명을 비추는 것은 그것이 그럴 만하다는 뜻이겠죠. 단순한 사물이 아니라는 이야기죠. 미술관에서 조명을 받고 있는 그림이 물감과 캔버스의 물성으로 환원되지 않는 별개의 가치를 지니듯 백화점에서 조명을 받고 있는 상품도 물성으로 환원되지 않는 가치를 갖습니다. 사물에 무언가가 있습니다. 이 '무언가'에 작가도, 자본가도 관심을 갖습니다.

누구보다 작가들이 이 점을 빨리 알아차렸습니다. 그들은 상품이 예술작품에 도전하고 있다고 느꼈습니다. 대표적인 예가 구스타브 쿠르베(G. Courbet)입니다. 그는 1855년 파리의 박람회장 바로 앞에서 전시회를 열었습니다. 맞대결을 했던 것이지요. 나중에 마네와 고갱도 박람회를 겨냥하는 전시회를 열었습니다.

보들레르(C. P. Baudelaire) 역시 상품에 들어 있는 "두려울 정도의 '모호한 성격'"에 민감하게 반응했다고 합니다.[7] 상품에는 유용성을 넘어선 무언가가 깃들어 있다는 것이죠. 그는 르네상스 시대부터 예술가들이 수공업자들에 대해 가졌던 우월감의 장벽이 상품 속에서 무너지고 있다고 느꼈습니다. 그역시 상품들의 침략에 맞선 일전(一戰)이 불가피하다고 생각했습니다.

마르크스가 자본주의 시대 '부'의 이미지로서 '상품더미'를 쉽게 떠올린 데는 이런 분위기도 무관치 않았을 겁니다. 상품이라는 존재를 떠들썩하게 알린 만국박람회가 열리고 있었으니까요. 상품은 '사용거리'만이 아니라 '구경거리'였습니다. 1855년 파리박람회를 두고 이폴리트 텐(H. Taine)이 했다는 말이 아주 인상적입니다. "유럽 전체가 상품을 보러 나섰다."[8]

그러나 상품더미에 대한 마르크스의 경험은 박람회 같은 특별한 행사와 관련되기만 했던 것 같지는 않습니다. 런던 시내에 거주했던 그는 일상에서도 상품더미나 전시상품들을 어렵지 않게 볼 수 있었습니다. 마르크스는 런던박물관으로 정치경제학 공부를 하러 갔는데 그곳으로 가는 길은 당시 런던에서도 매우 상업화된 지역 중 하나였습니다.[9] 당시 자료를 살펴보면 마르크스가 걷던 길에는 다양한 업종의 상점이 늘어서 있었고 업종 변경도 잦은 편이었다고 합니다. 그는 새롭고 다양한 상품들이 경쟁하듯 뽐내던 길을 걸었습니다.

그렇다고 마르크스가 직접 쇼핑을 즐겼던 것 같지는 않습니다. 그가 자주 구매했던 상품이 있다면 담배 정도였을 겁니다. 그는 담배 이야기를 참 많이 했습니다. 누군가 문헌 조사를 했는데 그의 글에 담배에 관한 언급이 무려 69회나 나온다는군요.[10] 그의 시가(cigar) 사랑은 유명합니다. 시가를 손에 든 채 글을 쓸 때가 많았습니다. 『자본』을 쓸 때도 예외가 아니었지요. 사위에게 보낸 편지에서 그는 말했습니다. "『자본』을 써봤자 그것을 쓰느라 내가 피운 시가 값도 안 나올 걸세."

마르크스 집 근처에 시가 수입상이 있었습니다. 마르크스가 우연히 재밌는 광고 문구를 보았는데요. "담배를 많이 피울수록 더 많이 절약할 수 있다." 오늘날에도 흔히 볼 수 있는 광고죠. '1+1' 행사처럼 '소비할수록 이익'이라는 식의 광고 있지 않습니까. 이 광고를 본 마르크스는 시가를 새로 구입하면서 자기가 한 상자당 1실링 6펜스를 절약했다고 친구들에게 말했답니다. 그러면서 시가를 많이 피우면 나중에는 거기서 생겨난 돈으로 살아갈 수도 있을 거라고 했죠. '상품 광고'에 대한 자조 섞인 조롱이었습니다.[11]

하나 덧붙이자면, 영국의 담배제조업노조(Cigar Maker's Union)는 영국에서 가장 전투적인 노동조합이었답니다. 마르크스는 이 노동조합에 상당한 애정이 있었습니다. 마르크스는 1864년 9월 런던에서 창립된 국제노동자협회(보통 '인터내셔널'이라고 부르죠)를 중심으로 활동했는데, 이때 의장단에 함께 있던 인물 중에 제임스 콘(J. Cohn)이라는 사람이 있습니다. 그가 바로 이 노동조합의 위원장이었답니다.

2

상품에 깃든 유령

마르크스는 『자본』에서
'상품'의 핵심에 '유령'이 있음을 간파합니다.
그리고 새로운 혁명은
그 '유령'을 몰아내는 데 있다고 봅니다.
상품사회 극복과 유령 몰아내기가
나란히 가는 겁니다.
지금 마르크스와 더불어 우리가
추적하고 있는 유령은 상품에 깃든 유령입니다.

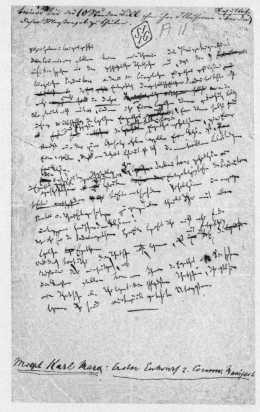

"하나의 유령이 유럽을 배회하고 있다—공산주의라는 유령이"라는
문장으로 시작하는 『공산주의자선언』(1848)의 육필 원고.
『자본』에서 마르크스는 상품에 깃든 유령을 몰아내려 했지만
『공산주의자선언』에서 마르크스는 기꺼이 유령에 몸을 내어주려 했다.

지금까지 『자본』의 첫 문장, "자본주의 생산양식이 지배하는 사회의 부는 '방대한 상품더미'로 나타난다"라는 말을 길게 설명했습니다. '부', 다시 말해 '가치'는 직접 나타나지 않고 상품형태로 나타난다고 했습니다. 그러므로 가치를 이해하려면 상품을 분석해야 합니다.

◦ 상품이라는 것

상품이란 무엇일까요. 일단은 돌고 도는 것처럼 보이는 답변을 해야 할 것 같습니다. 상품은 한마디로 가치 있는 물건입니다. 가치를 알려면 상품을 분석해야 한다고 해놓고는, 상품이란 가치 있는 사물이라는 식으로 말했으니 너무 허망한 답변이 되고 말았습니다. 이렇게 해서는 인식이 한 걸음도 앞으로 나아갈 수 없을 것 같습니다.

아무래도 어떤 물건에 '가치'가 있다는 말, 그 말을 먼저 따져봐야 할 것 같습니다. 어떤 사물, 어떤 물건을 '상품'이라 부른다는 것은 어떤 의미일까요?

햇볕은 우리에게 소중합니다. 하지만 아무도 햇볕을 쐬고서는 가치를 지불하지 않습니다. 거저 얻을 수 있는 것은 아무리 소중한 것이라 해도 경제학적으로 가치가 없습니다. 이렇게 말하면 화낼 사람이 있을지 모르겠지만 햇볕은 '무가치'합니다. 신이 모든 인간에게 내린 축복일지라도, 아니 모든 인간에게 내린 축복이기에, 그것은 무가치합니다. 마르크스는 공기, 미개간지, 자연의 초원, 야생의 수목 같은 것이 그렇다고 했는데요.[김, 50] 글쎄요, 지금은 이것들도 거저 얻을 수 있을지 장담할 수 없게 되었으니 다른 예를 들어야 할지도 모르겠습니다. 어떻든 상품이 갖는 '가치'란 우리에게 '소중한 것'이라는 뜻은 아닙니다. '소중한 물건'과 '상품'은 다른 것입니다.

그러나 거저 얻은 게 아니라고 해서 다 상품인 것도 아닙니다. 대단한 수고를 들여 만들었다고 해서 '가치'가 생겨나는 건 아니라는 말입니다. 일단, 내가 쓰려고 만든 물건은 상품이 아닙니다.[김, 50] 내가 먹으려고 지은 밥, 내가 사용하려고 만든 테이블은 상품이 아닙니다. 내게는 소중하고, 나의 에너지와 시간을 꽤나 잡아먹었지만, 거기에는 '자본주의 생산양식이 지배하는 사회의 부'가 한 개도 들어 있지 않습니다. 우스개 삼아 말하자면, 내가 밥을 해 먹으면 아무런 가치도 창출되지 않지만(부가가치가 없습니다), 내가 친구에게 밥을 해주고 친구가 내 밥을 해준 뒤 서로 대가를 지불한다면 가치를 창출한 게 됩니다(한 달에 100만 원씩을 주고받았다면 우리는 모두 200만 원어치의 부가가치를 창출한 셈입니다). 나도 친구도 늘어난 재산은 없습니다만, 우리는 새로운 가치를 창출했습니다. 내가 직접 지은 밥은 상품이 아니지만 친구에게 제공한 밥은 상품이 될 수 있습니다.

그런데 타인을 위해 생산했다는 것만으로도 충분하지는 않습니다. 타인을 위해 만든 물건이지만 별 쓸모가 없다면 나의 의도와 내가 흘린 땀에도 불구하고 그것은 무가치한 사물이 됩니다.[김, 51] 상품이란 사회적으로 그 쓸모를 인정받는 물건입니다. 쓸모를 인정받지 못했다면 비록 물리적으로는 땀을 뻘뻘 흘렸지만 경제학적으로는 '뻘 짓'을 한 셈이죠. 물건의 쓸모가 인정받지 못하면 그걸 만든 내 노동도 뻘 짓이 되고 맙니다.

방금 말한 기준들은 마르크스가 『자본』 제1권의 제1장 제1절에서 제시한 것인데요. 엥겔스는 여기에 한 가지를 더했습니다.[김, 51] 아니, 더했다기보다는 더 엄밀히 했다고 하는 편이 옳겠습니다. 노동생산물 중에는 수고를 들여 타인을 위해 만들었고 타인에게 쓸모가 있는 것이었음에도 불구하고 상품이 되지 못하는 것이 있으니까요. 이를테면 왕이나 영주에게 바치는 공물 같은 것 말입니다. 수고를 들였고 타인에게 쓸모도 있지만 '상품'은 아닙니다. 갖다 바치는 것은 상품이 될 수 없습니다. 상품은 시장에서 동등한 교환이 이뤄지는 것을 전제합니다. 타인에게 바친 것이나 선물한 것은 상품이 아닙니다.

　◦ '사용가치'는 무엇이고 '교환가치'는 무엇인가
인간은 태초부터 많은 것들을 만들어왔습니다. 노동생산물의 역사는 인간의 역사만큼 오래되었습니다. 하지만 노동생산물이 곧바로 상품인 것은 아닙니다. 상품은 '가치'를 가진 노동생산물입니다. 그런데 이때의 '가치'란 앞서 살펴본 것처럼 상당히 독특한 것입니다. '햇볕은 무가치하다'라는 말까지 했으니까요.

우리 일상에서 '가치'란 '쓸모', '관심', '중요성', '의의' 등을 뜻하지만 이런 의미들로는 상품에 들어 있는 '가치'를 이해할 수 없습니다. 그래서 19세기 정치경제학자들은 '가치' 개념을 더 분명히 해야 한다고 생각했습니다. 대표적 예가 스미스입니다. 그는 '가치' 개념에 상이한 두 가지 의미가 담겨 있으니 주의해야 한다고 했습니다.[12] 어떤 때는 특정한 물건이 가진 유용성을 나타내지만 어떤 때는 다른 물건에 대한 구매력을 나타낸다고요. 스미스는 전자의 가치와 후자의 가치에 다른 이름을 부여했습니다. 전자를 '사용가치'(use value), 후자를 '교환가치'(exchange value)라고 불렀지요.

두 가지 가치가 얼마나 다른지를 설명하면서 그는 '물'과 '다이아몬드' 예를 들었습니다. 물은 유용성 즉 사용가치는 대단히 높지만 구매력 즉 교환가치는 거의 없는 반면 다이아몬드는 사용가치는 크지 않지만 교환가치는 무지 높다는 겁니다.

더 멀리 거슬러 올라가면 아리스토텔레스가 비슷한 언급을 했습니다. "우리가 소유하고 있는 물건은 두 가지 용도로 사용될 수 있다. 두 가지 용도 모두 물건을 사용하는 것이지만 그 양상은 같지 않다. 한 가지 용도는 물건에 고유한 용도지만, 다른 용도는 그렇지 않기 때문이다. 예컨대 샌들은 신는데도 사용되고 교환하는 데도 사용된다. 샌들은 두 가지 용도로 쓰이는 것이다. 돈이나 음식을 받고…… 샌들을 주는 사람은 샌들을 샌들로 사용하는 것이기는 하지만 이것이 샌들의 고유한 용도는 아니다. 샌들은 [신으라고 만든 것이지] 교환하라고 만든 것이 아니기 때문이다."[13]

샌들을 만드는 두 가지 이유에 대한 아리스토텔레스의 구분은 스미스의 주장을 무려 2000년이나 앞지른 것처럼 보입니다. 하지만 아리스토텔레스는 스미스를 앞지를 수 없었습니다. 왜냐하면 그는 교환용 샌들을 정상적인 것으로 보지 않았으니까요. 그는 교환을 위해 물건을 제작하는 것은 자연스럽지 않다고 했습니다.

이 시리즈의 1권에서도 설명했지만, 그리스 사회에서 살림살이는 오이코스(oikos), 즉 가정에서 이루어지는 일이었습니다[참고로 오이코스는 '경제학'(economy)의 어원입니다]. 그런데 가정에서는 교환을 위해 물건을 만드는 일을 하지 않습니다. 교환을 할 필요가 없지요. 아리스토텔레스에 따르면 교환의 필요는 종족이 커지면서 생겨난 현상입니다. 하지만 이 경우에도 교환은 생계에 필수적인 품목에 한정되었습니다. 그리고 교환의 주체도 개인이 아니라 부족의 대표성을 지닌 인물, 오늘날로 치면 '관료'가 수행하는 일이었습니다.

아리스토텔레스는 '물건의 상업적 교환'과 '교환을 위한 생산'이 확대되면 오이코스 기술 즉 살림살이 기술이 변질될 것이라고 우려했습니다. 삶에 유용한 것을 만들고 교환하는 것이 아니라 단지 돈을 벌기 위해 물건을 만드는 일이 일어난다는 겁니다. 그래서 그는 필요한 재화를 구비하는 오이코스의 기술과 단지 재산을 늘리기 위한 기술인 화폐증식술

(chrēemastikēe)을 대비했는데요. 자본주의를 살아가는 우리 눈에는 둘 다 경제학이죠. 즉 별 차이가 없어 보이는데, 아리스토텔레스는 이 두 가지를 완전히 상반된 것이라 말하고 있습니다.

아리스토텔레스에 따르면, 참된 부는 물건의 사용과 관련된 것입니다. 그리고 우리 생활에 필요한 물건들은 그렇게 무한하지 않습니다. 그런데 재산증식, 화폐증식을 위해서라면 상황이 완전히 달라집니다. 사람의 욕심이 끝이 없다고 합니다만, 빵에 대한 욕심과 돈에 대한 욕심은 다릅니다. 빵을 아무리 좋아하는 사람도 빵을 천 개나 만 개쯤 먹고 나면 '빵' 소리만 들어도 구토감이 들 겁니다. 우리 신체는 유한하니까요. 하지만 돈은 다릅니다. 100억을 가진 사람은 1000억을 가진 사람을 부러워하고 그 끝이 어딘지도 알 수 없습니다. 사실상 무한하죠.

만약 생활의 필요가 아니라 돈을 벌기 위해 물건을 만들고 교환한다면 거기에도 한계가 없겠죠. 그러므로 둘은 완전히 다른 것이라는 게 아리스토텔레스의 생각이었습니다. 그에 따르면 후자는 자연스럽지도 바람직하지도 않은, 일종의 병입니다(참고로 마르크스는 '자본의 일반정식'을 다루는 『자본』 제1권 제2편 제4장에서 아리스토텔레스의 이런 언급을 아주 길게 인용하고 있습니다[김, 198~199]).

스미스와 아리스토텔레스 모두 상품에 내재한 두 가지 가치를 구분했습니다. 물론 스미스가 경제학에서 말하는 '부'

곧 그가 '참된 부'라고 본 것을 아리스토텔레스는 반대로 보았지만 말입니다. 마르크스도 이런 구분을 받아들이면서 상품에 대한 이야기를 시작합니다.

상품으로서 물건은 일단 유용한 것입니다. 스미스가 표현한 대로 '사용가치'를 갖습니다. 사용가치가 없다면 누구도 그것을 원하지 않을 겁니다. 사용가치는 대체로 해당 물건이 갖는 물리적 성격과 관계가 있습니다. 이를테면 외투는 '체온을 보존'하는 유용성을 갖습니다. 그것은 외투라는 상품을 이루는 소재의 '물리적 성질'과 관련된 것입니다.

그렇다고 사용가치가 역사나 문화와 무관하다는 말은 아닙니다. 오히려 인간의 역사는 물건들의 다양한 용도를 발견해온 역사라고 할 수 있습니다.[김, 44] '신상품'이라는 것은 대체로 사물의 물리적 성질에서 새로운 용도를 찾아낸 것들입니다. 상품사회 이전에도 사람들은 물리적 성질의 새로운 용도를 찾아내 여러 물건들을 만들어왔습니다. 화약만 해도 중국인들은 축하나 축원의 용도로 썼지만 그것을 건네받은 서양인들은 파괴와 살상 용도로 썼으니까요. 폭죽과 포탄은 똑같은 물리적 성질에서 전혀 다른 용도를 발견한 결과물입니다.

하지만 물건의 새로운 용도가 설령 사람들의 삶을 풍요롭게 만들었다 해도 그것이 곧바로 자본주의사회의 '부'가 되지는 못합니다. 마르크스는 말합니다. "사용가치는 부의 사회형태에 상관없이 부의 소재적 내용을 이룬다."[김, 44] 여기서

'사회형태에 상관없이'라고 수식한 것은 이때의 부가 자본주의사회로 한정했을 때의 '부'는 아니라는 겁니다. 그래서 곧바로 이렇게 덧붙입니다. "우리가 고찰하는 사회형태에서 사용가치는 동시에 교환가치를 지니는 물건이다." 중요한 것은 '교환가치'라는 거죠.

∘ 탁월한 눈과 조잡한 눈

우리는 상품이 일정한 용도를 갖기도 하지만 일정한 비율로 다른 상품들과 교환된다는 것도 압니다. 외투는 우리 몸을 따뜻하게 해줍니다만(사용가치), 또한 다른 물건, 이를테면 수박 두 덩어리와 바꿀 수도 있습니다. 한 벌의 외투는 "x량의 구두약, y량의 명주, z량의 금 등 상이한 상품들과 다양한 비율로 교환"될 수 있습니다.[김, 47] 외투가 사용가치와는 다른 자신의 가치를, 일정량의 다른 상품들로 나타내고 있는 겁니다. 이것을 외투의 '교환가치'라고 부릅니다.

19세기 정치경제학에서 분석 대상으로 삼는 '가치'는 이 '교환가치'입니다. '가치'란 곧 사용가치가 아니라 '교환가치'인 것이죠. 하지만 엄밀히 말하자면 '가치'와 '교환가치'는 똑같은 말이 아닙니다. 외투의 '가치'는 그 자체로 나타날 수 없다고 했지요. 그러므로 우리가 보는 외투의 '교환가치', 이를테면 'x량의 구두약'은 외투의 '가치'가 우리에게 '나타나는' 형태인 것이지요.

그래서 마르크스는 "교환가치는 교환가치와는 구별되는

그 어떤 내용의 표현양식 또는 '현상형태'에 지나지 않는다"라고 했습니다.[김, 45] 여기서 말한 '어떤 내용'이라는 게 '가치'입니다. 다시 말하면 '교환가치'는 '가치'가 우리에게 나타나는 형태, 즉 가치의 현상형태입니다. 가치가 나타난 게 교환가치이므로 편의상 이 둘을 동일시합니다만, 엄밀히 하자면 둘은 다릅니다. 이 때문에 마르크스도 이렇게 주의를 환기해줍니다. "이 장의 첫 부분에서 우리는 보통 말하는 방식에 따라 상품은 사용가치임과 동시에 교환가치라고 했지만, 엄밀히 말하면 이는 옳지 않다. 상품은 사용가치임과 동시에 가치인 것이다."[김, 77]

그런데 이 '교환가치'라는 것은 따져볼수록 신기합니다. 외투 한 벌의 교환가치로 제시한 "x량의 구두약, y량의 명주, z량의 금"을 볼까요. 외투, 구두약, 명주, 금 등은 서로 다른 사물입니다. 그런데도 〈외투 1벌=구두약 x량=명주 y량=금 z량〉이라는 등식이 성립한다는 것은 개별 사물로서는 완전히 다르지만 '동일한 무언가'(ein Gleiches)가 있다는 뜻입니다.

마르크스는 이 대목에서 놀랍니다. 상이한 물건들이 일정 비율로 교환될 수 있다는 것. 우리가 보기에는 별일도 아닌데, 마르크스는 이것을 너무도 신기해합니다. 인류가 물건을 교환한 게 어제오늘 일도 아닌데 뭐가 그리 신기하다는 걸까요? 탁월한 눈과 그렇지 않은 눈의 차이는 휘둥그레지는 곳이 다르다는 점일 겁니다. 한쪽이 놀라는 곳에서 다른 쪽은 놀라지 않습니다.

가라타니 고진(柄谷行人)은 『자본』의 위대함을 마르크스의 이런 눈에서 찾았습니다. 그는 말했습니다. "『자본』이 탁월한 이유는…… [마르크스가] 흔하디흔한 상품의 '아주 기괴한' 성질에 놀랐다는 데 있다. ……기성 경제학 체계는 평범한 상품을 기괴한 것으로 보는 눈에 의해 무너진다."[14]

　마르크스는 기성의 경제학자들이 놀라는 곳에서 놀라지 않았고 그들이 아무렇지도 않게 생각한 곳에서 크게 놀랐습니다. 그는 상이한 두 물건의 교환에 놀랐습니다. 사물들의 물리적 속성과 상관없이 등가관계가 맺어지는 부분 말입니다. 이 '관계'에 '가치'의 비밀이 있다고, 상품의 수수께끼가 있다고 본 겁니다.

　그런데 부르주아 경제학자들은 '관계'가 아니라 '사물'을 봅니다. 내가 시리즈 1권에서 인용한 마르크스의 말을 상기해보죠. "흑인은 흑인이다. 그런데 어떤 조건에서 흑인은 노예가 된다." 비유컨대 인종주의자들은 노예성이라는 것이 관계의 문제라는 것을 이해하지 못합니다. 흑인을 그냥 노예로 봅니다. 자기 사회에서 흑인이 노예로 현상(現像)하니까요. 그래서 그들은 노예성을 흑인의 본성에서 찾으려 했지요. 흑인의 본성에는 노예적 근성이 있다고 말입니다. 마찬가지로 부르주아 경제학자들은 '가치'의 문제를 사물의 본래적 속성으로 봅니다. 마치 체온을 지켜주는 외투의 속성처럼 외투의 가치도 외투에 내재하는 것처럼 보았습니다.

　마르크스는 부르주아 경제학자들의 문제가 '조잡한 눈'

(rohen Blick)에 있다고 했습니다.[김, 73~74] 한 벌의 외투를 일정량의 구두약과 교환할 때는 그 놀라움을 보지 못하다가, 일정량의 금이 모든 상품들의 가치를 나타내니 깜짝 놀란다는 겁니다. 그러고는 금이 무엇이길래, 화폐가 무엇이길래 상품들의 가치를 재고 또 거래를 매개할 수 있는지 파헤치려고 했습니다. 나중에 그들은 금 같은 귀금속 말고도 화폐 역할을 한 사물들이 있다는 것을 발견하고는 금은만 신비했던 것은 아니라며 안도합니다. 그러나 이런 식으로 신비함이 파악된 것은 아닙니다. 물속에서 젓가락만 구부러져 보이는 게 아니라는 걸 알았다고 해서 그 현상이 이해된 것은 아니니까요.

마르크스에 따르면 부르주아 경제학자들은 정말로 신비한 것을 보고도 보지 못합니다. "그[부르주아 경제학자]는 20미터의 아마포=1개의 저고리라는 가장 단순한 가치표현이 벌써 우리가 풀어야 할 등가형태의 수수께끼라는 것을 깨닫지 못한다."[김, 74] 반복해서 말하지만 놀라운 것은 두 상품의 교환 자체입니다. 마르크스는 이렇게 말하는 듯합니다. 내가 놀란 곳을 당신이 해명해준다면 당신이 놀란 곳은 내가 해명해주겠다. 즉 두 상품의 교환이 어떻게 가능한지 말해준다면, 어떤 상품이 화폐로 등장하는 이유는 어렵지 않게 해명해줄 수 있다는 거죠.

º 거기 있는 것은 유령이다!

서로 다른 두 상품이 교환된다는 것은 그 둘 사이에 '공통된 무언가'가 있다는 의미입니다. 마르크스는 이 '공통된 무언가'를 붙잡고 늘어집니다. 외견상의 모습과는 전혀 다른 무언가가 '상품'에 들어 있는 게 틀림없습니다. 사용가치가 다른 두 물건이 일정 비율로 교환된다면 이 교환이 물건의 유용성과 관계된 것은 아니라는 말입니다. 외투의 '체온을 지켜주는 속성'은 수박과 공통성을 가질 수 없습니다. 외투의 색깔, 질감, 냄새 등 우리가 감각할 수 있는 외투의 속성이 수박과의 교환을 가능케 하는 공통성이 될 수 없습니다.

상품은 한편으로 물리적 속성들을 지닌 물건입니다만 그것들을 제외하고도 '무언가'가 있음에 틀림없습니다. 일반 사물과 상품을 구분할 수 있다면 분명 그 '무언가' 때문일 텐데요. 감각할 수 있는 속성을 모두 제거하고도 무언가가 남아 있다니! 그런 게 도대체 무엇이란 말입니까.

마르크스는 단서를 포착한 듯 이 문제를 단단히 붙듭니다. 그러고는 언뜻 황당해 보이는 답을 합니다. 거기 있는 것은 유령이다! 마르크스의 말을 직접 옮기면 이렇습니다. 감각으로 포착할 수 있는 속성들을 모두 제거했을 때 "그것들[노동생산물]에 남겨진 것은 동일한 유령적 대상성(gespenstige Gegenstandlichkeit)일 뿐이다."[김, 47] '유령적'이라니요. 그가 얼마나 상품교환을 신기한 눈으로 보았는지 짐작이 갑니까.

'단순한 노동생산물'과 '상품'을 구분하는 것은 이 '유령적인 것'에 달려 있습니다. 우리가 볼 수도 만질 수도 없는 것이 상품에 있습니다. 우리가 보고 만질 수 있는 상품의 신체는 노동생산물의 신체와 같습니다. 그런데 거기에 유령적인 것, 앞서 미리 말한 바에 따르면, 유령 같은 '가치'가 깃들어 있는 겁니다. 우리가 교환하는 것은 일정량의 외투와 구두약, 명주, 금입니다만, 그것들에는 또한 '동일한 것'이 유령처럼 들어 있습니다. 외투의 가치가 구두약의 몸을 빌려 서 있는 겁니다.

지금 하는 이 말들이 아주 이상하게 들릴 거라는 걸 압니다. 하지만 어쩌겠습니까. 우리는 마르크스의 '표현'을 이해해야 합니다. 그는 노동생산물이 상품이 되는 것은 "초자연적 속성"(übernaturliche Eigenschaft)을 갖는 것이고,[김, 73] "감각적이면서 초감각적인(sinnlich ubersinnlich) 사물"이 되는 것이라고 했습니다.[김, 93] 어떤 감각적인 몸에, '가치'라는 초감각적인 것이 들어 있는 것, 이것이 상품입니다.

∘ 마르크스와 유령

한 상품의 가치는 다른 상품의 신체를 빌려 목소리를 냅니다. 다른 상품의 성대를 빌려서요. 이것이 교환가치입니다. 마르크스는 구두약에서 외투의 목소리를 듣습니다. 외투의 가치는 구두약의 몸을 빌려서만 자기 존재를 드러낼 수 있는 겁니다. 확실히 마르크스의 눈은 특별한 것 같습니다. 마치 무당처럼, 유령을 보았으니까요. 그런데 마르크스가 상품의 가치를 유령에 비유한 것이 우연은 아닙니다. 다른 저서들에서도 그는 유령 이야기를 몇 차례 했습니다.[15]

먼저 마르크스는 『독일 이데올로기』*Die deutsche Ideolo-*

gie(1845~1846)에서 당대 독일의 비판가들, 청년헤겔파를 비롯해 포이어바흐까지, 현실적 사회관계가 아니라 정신이나 관념만 물고 늘어지는 이들을 비판할 때 유령 이야기를 했습니다. 이들은 이데올로기를 비판했습니다만, 마르크스는 이데올로기라는 게 "정신적인 비판, '자기의식'으로의 해소, '요괴', '유령', '망상' 등으로의 전화를 통해서"는 극복될 수 없다고 했습니다[특히 그는 슈티르너(M. Stirner)를 겨냥했습니다]. 마르크스가 보기에 당대의 비판가들은 이데올로기라는 '환상적 보편성'(이데올로기는 항상 보편적 관념인 것처럼 우리에게 나타나지요)에 맞서 또 다른 환상 즉 '유령'을 제시하는 것에 불과합니다. 현실을 변혁하는 실천 없이 관념적으로만 떠든다는 이야기지요. 여기서 '유령'이란 신체 없이 떠다니는 빈 문구(文句) 같은 것들입니다.

유령의 이미지를 꽤나 긍정적으로 사용한 텍스트도 있습니다. 『공산주의자선언』의 유명한 도입부가 그렇습니다. "하나의 유령이 유럽을 배회하고 있다—공산주의라는 유령이. 옛 유럽의 모든 세력들이 이 유령의 성스러운 사냥을 위하여 동맹하였다. 교황과 차르, 메테르니히와 기조, 프랑스 급진파와 독일 경찰들이."[16]

이 도입부에는 시간의 흥미로운 어긋남이 있습니다. 마르크스가 보기에 공산주의자들은 아직 하나의 세력이 되지 못했습니다. 말하자면 공산주의자는 미래 세력의 이름입니다. 그런데 당대의 지배자들은 저항 세력에게 '공산주의'라는 낙인을 마구 붙였습니다. 여기서 아이러니가 생기는데요, 공산주의는 한편으로는 '아직' 실체가 없습니다. 그런데 다른 한편으로는 소문으로서, 유령으로서, 딱지로서 '이미' 하나의 세력을 형성한 셈입니다.

이런 상황에서 마르크스는 '우리'들에게 공산주의자라는 '소문', '유령'에 대해 그 몸뚱이가 될 것을 촉구합니다. 유령에 몸을 내어주라는 겁니다. '너희가 두려워하는 공산주의자들이 바로 우리'라고 자임하는 것이지요. 하지만 단순한 자임이 아닙니다. 그것은 미래시제를 현재시제로 당기는 일이기도 합니다. 미래에 출현할 공산주의를 현재적 생성으로, 즉 이후 '도래할 것'을 지금 적극적으로 '맞이하는 것'입니다. 그러므로 『공산주의자선언』은 사람들에게 공산주의자가 될 것, 즉 생성에 대한 촉구이기도 하지요. 공산주의자에 대한 자임이면서 촉구이고 약속이고 맹세인 것이죠.

마르크스는 『루이 보나파르트의 브뤼메르 18일』에서도 유령 이야기를 꺼냈습니다. 이 책은 1848년 혁명 이후 1852년 다시 황제의 나라로 돌아갈 때까지의 프랑스 정세를 정리한 것인데요. 정세에 대한 기술이라고 했지만 곧바로 무대에 올려도 좋을 만큼 희곡적인 구성을 취하고 있습니다. 실제로 마르크스는 이 글 곳곳에서 연출, 무대, 막, 상연이라는 표현을 쓰고 각 정파의 움직임을 배우들의 연기처럼 묘사합니다. 셰익스피어를 무척 사랑했던 마르크스였던지라 이런 구성이 어떤 점에서는 이상할 것도 없죠.

이 글에는 역사에 대한 두 개의 유명한 문장이 나옵니다. 하나는 역사의 두 가지 반복에 대한 것입니다. "헤겔은 어디에선가, 모든 거대한 세계사적 사건들과 인물들은 말하자면 두 번 나타난다고 지적하고 있다. [다만] 그는 다음과 같이 덧붙이는 것을 잊었다: 한 번은 비극으로, 다른 한 번은 희극으로."[17] 다른 하나는 인간행위와 역사의 관계에 대한 것인데요. "인간은 자신의 역사를 만든다. 그러나 자기 마음대로, 즉 자신이 선택한 상황하에서 만드는 것이 아니라 이미 존재하는, 주어진, 물려받은 상황에서 만든다."[18]

사실 이 두 문장은 서로 이어지는 하나의 내용입니다. 그리고 여기에 유령이 등장합니다. 마르크스는 인간이 만들어가는 역사가 두 가지 반복과 관련이 있다고 봅니다. 많은 사람들이 두 번째 문장, 즉 인간이 역사를 만드는 것은 '주어진 상황 속에서'라는 말을 역사유물론의 일반적 정식, 즉 인간의 행위는 역사적으로 주어진 토대 위에서 이루어진다는 뜻으로만 읽습니다.

하지만 텍스트의 문맥을 따라 읽으면 이야기가 조금 다릅니다. 마르크스가 해당 문장 뒤에 곧바로 인간에게 주어진 것이 '죽은 세대들의 전통'이라고 말하고 있으니까요. 그 전통이 '꿈속의 악령(Alp)'처럼 '살아 있는 세대'의 머릿속에 출몰한다고 말합니다. 그러니까 그가 여기서 말한 '주어진 것'이란 과거로부터 주어진 관념입니다. 그래서 마르크스는 인간은 '과거의 유령'(Geister der Vergangenheit)과 더불어 "자신과 사물을 변혁하고 지금껏 존재한 적이 없는 무언가를 만드는 데 몰두"한다고 말합니다.

변혁을 열망하는 현재의 세대는 과거의 유령들을 불러오고 그 이름과 구호와 의상을 빌립니다. 그런 식으로 종교개혁가 루터는 사도 바울을 빌려 왔습니다. 그리고 프랑스대혁명 당시 혁명가들은 로마의 공화정을 반복하려 했지요. 이런 반복은 '혁명적 정신'(Geist der Revolution)의 반복입니다. 과거를 반복하지만 과거를 재현하는 것은 아닙니다. 과거 혁명가의 정신을 반복함으로써 '세계사의 새로운 장면을 연출'하는 겁니다. 이것이 두 가지 반복 중 '비극적 반복'입니다. 사건을 일으키는 반복이지요.

그런데 그저 이름과 의상, 외양만 빌려온 반복도 있습니다. 마르크스가 보기에 나폴레옹의 조카 보나파르트가 그랬습니다. 그는 삼촌의 외적 이미지만 빌렸습니다. 이름을 비슷하게 짓고 옷과 행동을 닮게 만들었습니다. 그는 새로운 세계를 만들기보다 삼촌을 흉내 내 지금의 권력을 잡으려고 한 것이죠. 과거를 흉내 내면서 오히려 과거로 퇴행합니다. 이것이 바로 역사의 '희극적 반복'입니다.

이렇게 보면 마르크스는 '유령'과 더불어 수행하는 '혁명'에 기대를 건 것처럼 보입니다. 그런데 이 글에서 그는 그쪽으로 가지 않습니다. 새로운 역사를 만들고자 하는 이들은 '과거의 유령'과 더불어 나아간다고 했지만, 그는 실제로 새로운 역사를 낳는 경우에는 '유령'이라는 말을 쓰지 않으려고 했습니다. 그래서 그는 비극적 반복에는 특별히 '혁명의 정신'이라는 말을 붙여 '희극적 반복의 유령' 즉 단순히 '죽은 자들의 유령'을 배회케 하는 경우와는 구분하려 했습니다.

한 발 더 나아가 마르크스는 '19세기의 사회혁명' 즉 프롤레타리아트의 혁명은 이런 비극적 반복과도 달라야 한다고 본 것 같습니다. 그래서 19세기 사회혁명은 더는 "과거로부터 그 시(詩)를 얻을 수 없고 오직 미래로부터만 얻을 수 있다"라고 했습니다.[19] "과거에 대한 모든 미신을 떨쳐버려야만 스스로 시작할 수 있다"라고 말입니다. 죽은 자들에 대한 회상이 혁명에 들어오지 않게, 그래서 "죽은 자들로 하여금 그 시신을 묻게 해야 한다"라고도 했습니다. 새로운 혁명과 유령 사이에 분명한 선을 그어버린 겁니다.

『자본』에서도 이런 태도를 확인할 수 있습니다. 그는 상품의 핵심에 '유령'이 있음을 간파합니다. 하지만 그 '유령'과 더불어 혁명을 수행하고자 하지는 않습니다. 오히려 새로운 혁명은 그 '유령'을 몰아내는 데 있다고 봅니다. 상품사회 극복과 유령 몰아내기가 나란히 가는 겁니다. 이 점에 대해서는 나중에 '물신주의'를 다루며 다시 이야기하겠습니다.

이제 다시 『자본』으로 돌아와야겠습니다. 지금 우리의 관심은 정치적 유령도 아니고 역사적 유령도 아닙니다. 지금 마르크스와 더불어 우리가 추적하고 있는 유령은 상품에 깃든 유령입니다. 그럼, 마르크스의 유령 추적기를 이어가보겠습니다.

3

추상노동의
인간학

'아마포'든 '외투'든 상품은 모두 인간이
힘을 쓰고 능력을 발휘해 만들어낸 것입니다.
이때의 공통성은 결과의 공통성이 아니라
원인의 공통성입니다.
이 공통성은 '아마포'와 '외투' 사이
또는 '직조 노동'과 '재봉 노동'의
외적 유사성이 아닙니다. 이 공통성은
아마포와 외투가 모두 인간노동의 산물이라는 것,
즉 직조 노동과 재봉 노동이
모두 인간능력의 발휘라는 것입니다.

귀스타브 쿠르베, 〈돌 깨는 사람들〉, 1850.
태초부터 인간은 노동을 해왔지만 노동이 가치의 실체가 된 것,
다시 말해 가치의 실체로서 추상노동이 등장한 것은 자본주의부터다.

마르크스가 놀란 대목에서 다시 시작해볼까요? 서로 다른 두 상품이 일정한 비율로 교환되는 장면 말입니다. 한 상품의 가치를 다른 상품으로 '표현'한 것인데요. 이처럼 상품의 '가치'는 그 자체로 드러나지 않고 다른 상품과의 '관계'를 통해서만 표현됩니다. 여기에는 상품 존재에 대한 흥미로운 진실이 담겨 있습니다. 상품은 사회적 존재라는 겁니다. 상품은 혼자 존재하지 못합니다. 다른 상품과 교제되지 못한 채 고독하게 홀로 존재하는 사물은 상품이 될 수 없는 거죠.

내가 누구인가 하는 것, 다시 말해 나의 정체성은 내가 타인과 맺는 관계입니다. 그처럼 상품의 가치 또한 그것이 다른 상품들과 맺는 관계가 말해줍니다. 내 고유성이 내가 타자와 맺는 관계라는 것, 그러니까 내가 다른 이들과 맺는 관계가 나만의 고유성, 다른 사람과 혼동되지 않는 나만의 고유성을 보여준다는 것은 언뜻 모순처럼 들립니다. 이 말은 한 존재의 고유성, 한 존재의 가치가 사회적으로 규정된다는 뜻이기도 하지요. 그래서 마르크스는 상품에 대해 이렇게 말했습니다. "상품 자체에 고유한 내재적 교환가치라는 것은 일종의 형용모순처럼 보인다."[김, 45] 그러나 '본래적으로 내재하는 가치'라는 관념을 버린다면, 다시 말해 상품을 사회적 존재로 바라본다면 이해 못할 말은 아닙니다.

◦ 노동가치설-상품가치의 척도는 '노동'이다
서로 다른 두 상품의 교환이 말해주는 것은 상품들 사이에 동일한 무언가가 있다는 뜻입니다. 아리스토텔레스의 말처럼 "동등성이 없었다면 교환도 없었을 것이고, 같은 척도에 의한 측정가능성이 없었더라면 동등성도 없었을 것"입니다.[20] 문제는 이 '동일한 무언가'가 무엇이냐 하는 겁니다.

일단 그것은 앞에서도 말한 것처럼 물리적·자연적 속성들일 수 없습니다. 상품들의 물리적 속성들(그리고 이와 연관된 유용성들)은 서로 너무 달라 비교할 수 없습니다. 물론 유용성이 없는 상품은 없습니다. 아무에게도, 어떤 필요도 없는 상품이 교환될 리 만무하지요. 하지만 우리가 추적하는 '상품들 사이의 공통성'이란 이런 게 아닙니다. 바꾸어 말하면, 사용가치가 없는 상품은 없지만 교환가치에는 사용가치가 한 방울도 들어 있지 않습니다.

그렇다면 상품의 자연적 속성들을 모두 제거했을 때 남는 것은 무엇인가. 19세기 정치경제학자들, 특히 스미스와 리카도의 답변은 상품들이 모두 '노동생산물'이라는 공통 속성을 갖는다는 것이었습니다.

스미스는 상품에 들어 있는 수고량이 그 상품의 '진정한 가격'이라고 생각했습니다. 상품에 가치가 새로 추가된다면 새로운 노동이 더해졌기 때문이라고 본 것이죠. 그런데 그는 불철저했습니다. 『국부론』의 어떤 곳에서는 생산물의 가치에 노동 말고 이윤이나 지대에 해당하는 몫, 그러니까 자본가의 몫과 지주의 몫이 더해지는 것처럼 주장했어요.[21] 그 각각이 다 합해져 상품의 가격을 이룬다는 식이었습니다. 스미스의 주장에서는 "가치의 원천이 하나로 통합되어" 있지 않았던 겁니다. 즉 그는 땅의 기여분과 자본의 기여분도 가치를 이룬다고 간주했죠. 참고로 마르크스는 스미스가 상품 생산에 사용된 노동량과 노동자가 받은 임금[노동력의 가치]을 혼동하고 있다고 지적한 바 있습니다.[김, 58, 각주 16]

리카도는 스미스의 불철저함을 날카롭게 지적했지요.[22] 스미스가 투여된 노동으로 상품의 가치를 정해놓았으면서 또 다른 원천을 끌어들인다고 말입니다. 상품가치의 근거가 '노동'이라면(리카도는 이것이야말로 "정치경제학에서 가장 중요한 학설"이라고 했는데요), 가치는 '생산에 투여된 노동의 양'에 달렸다고만 해야 합니다. 가치의 척도를 노동으로 삼았다면 가치의 원천도 노동에서만 찾아야 한다는 말이죠. 스미스처럼 자본의 기여분으로서 이윤, 땅의 기여분으로서 지대 같은 것을 또 다른 가치 원천인 듯 끌어들이면 안 된다는 겁니다.

이처럼 '노동가치설'은 마르크스의 발명품이 아닙니다. 마르크스는 가치의 실체가 '노동'이라는 말을 처음 한 사람이 아닙니다. 그의 업적은 노동의 양을 가치의 척도로 삼아야 한다거나 노동이 모든 가치의 원천이라고 말한 것에 있지 않습니다. 마르크스의 천재성은 노동가치설을 주장한 데 있는 게 아니라 당대의 노동가치설을 변형시킨 것, 새롭게 해석한 것에 있습니다. 이제부터 그것을 하나씩 살펴보겠습니다.

∘ 노동의 이중성-상품에 체현된 노동은 이중적이다

'모든 상품들은 노동생산물'이라는 스미스나 리카도 등의 말이 옳다고 해도 상품들의 공통성 문제가 풀린 것은 아닙니다. 이것으로 상품들 사이의 차이가 극복된 것은 아니라는 말입니다. 상품들의 차이가 다만 '노동들의 차이'로 옮겨졌을 뿐이죠.

상품들은 기본적으로 노동생산물이지만, 현물로서 각 상품을 생산하는 구체적 노동은 서로 질적으로 다릅니다. 빵을 굽는 일, 천을 짜는 일, 벽돌을 쌓는 일, 책을 만드는 일. 각각의 일은 목적에 맞는 나름의 방식대로 진행됩니다. 마르크스가 쓴 표현을 인용하자면 저마다 '합목적적(zweckmaßig) 생산활동'인 겁니다.[김, 52] 앞에서는 상품의 유용성, 상품의 사용가치가 저마다 다르다고 했는데, 이번에는 구체적 유용노동이 저마다 다른 것이 되었지요. 그래서 '상품들은 모두 노동생산물'이라는 말로는 문제를 해결할 수 없습니다.

리카도 등은 노동을 모든 가치의 원천이라고 생각했지만 마르크스는 이것으로 충분하지 않다고 보았습니다. 마르크스는 '현물로서 상품'을 말할 때와 '가치로서 상품'을 말할 때 거기에 상응하는 노동을 구분했습니다. 상품에 체현된 노동을 '이중적'으로 봐야 한다는 겁니다. 상품의 이중성(사용가치와 교환가치)에 노동의 이중성을 대응시킨 겁니다. 마르크스는 이런 생각을 떠올린 게 무척 자랑스러웠던 모양입니다. 그래서 이렇게 적었습니다. "상품에 체현되어 있는 노동의 이중성

은 내가 처음으로 지적하고 비판적으로 검토했다."[김, 51]

물건은 인간노동을 통해 생산됩니다. 현물을 생산한다는 점에서 이 노동은 재료가 되는 물질에 어떤 변형을 가하는 것에 다름 아닙니다. 새가 둥지를 틀고 벌이 꿀을 만드는 것과 다를 바 없습니다. 노동이란 자연의 재료에 '작용을 가하는 것'에 다름 아니니까요. "인간은 생산과정에서 오직 자연 자체가 하는 것처럼 일할 수 있을 뿐"입니다.[김, 53] 이런 노동의 역사는 인간의 역사만큼이나 오래되었습니다.

마르크스는 윌리엄 페티(William Petty)의 말을 인용하는데요. "노동은 물질적 부의 아버지이고 토지는 그 어머니이다."[김, 54] 풍부한 재화, 다시 말해 풍부한 사용가치로 나타나는 부는 인간노동만이 생산하는 게 아닙니다. 비옥한 땅, 즉 자연도 우리에게 무언가를 계속해서 제공합니다. 그러나 앞에서 말했던 것처럼 이것은 '자본주의 생산양식이 지배하는 사회의 부'가 아닙니다. 그저 삶의 재화가 늘어났을 뿐입니다. 사용가치가 늘어난 것이죠. 노동을 가치의 원천이라고 했을 때 이 노동을 페티가 말한 노동, 아담 이래로 인간이 먹고 살기 위해 수행해야 했던 노동과 동일시해서는 안 됩니다.

인간이 노동을 통해 상품을 생산했다는 것은 단지 현물을 생산했다는 뜻이 아닙니다. 이미 언급했듯 상품은 노동생산물이지만 그렇다고 노동생산물이 모두 상품인 것은 아니에요. 특히 역사적으로 보자면 그렇습니다. '상품사회'는 역사적으로 특수한 사회입니다. 따라서 인간존재와 사실상 동시적인 노동, 즉 어떤 소재에 에너지를 가해 변형시키는 일을 '가치생산노동'과 동일시할 수는 없습니다. 인간은 태초부터 노동을 했습니다만, 언제부턴가 인간은 노동을 통해 가치도 생산한 겁니다.

상품의 두 측면에 상응하는 노동의 두 측면이 있습니다. 하나는 구체적 유용성을 가진, 다시 말해 사용가치를 가진 현물을 생산하는 '구체적 유용노동'입니다. 아주 오래된 것이고 각각의 물건에 특화된, 매우 합목적적인 노동입니다. 그 종류가 그 유용성만큼이나 다양하고 다릅니다.

다른 하나는 상이한 상품들의 교환가치(더 엄밀히 하자면 '가치')를 생산하는 '추상노동'(abstrakt Arbeit)입니다. 여기서 '추상노동'은 '정신노동'을 지칭하는 말이 아니고, 정신노동이든 육체노동이든 상관없이 구체적 노동과 대비해서 부르는 말입니다(즉 여기서 '추상'은 '구체'와 대비된 말입니다).

어떤 상품이 현물로서 특정한 '유용성'을 갖는 것은 소재의 물리적 속성과 연관될 뿐 아니라 특정한 종류의 구체적 노동이 관여하기 때문입니다. 하지만 그 상품이 '가치'를 갖는 것은 소재의 물리적 속성이나 구체적 노동과는 다른 문제입니다. 상품이 '가치'를 갖는 건 그것을 생산한 노동이 "모두 인간노동"이라는 사실 때문입니다.[김, 55] 인간의 수고가 들어가고 인간의 능력이 발휘되는 활동이라는 것인데요. 어떻게 이것이 제각기 다른 구체적 노동들의 동등성을 보장하는 지는 잠시 뒤에 보겠습니다. 일단은 이와 관련된 몇 가지 오해부터 걸러내야겠습니다.

◦ 추상노동의 공통성-모두 인간의 노동력을 사용한 것

상품들의 교환을 가능케 하는 공통성이 추상노동에 있다고
했을 때 우리는 이 공통성을 노동들 사이의 외적 유사성에서
찾으려는 유혹에 빠질 수 있습니다. 그런데 추상노동은 구체
적 유용노동의 닮은 점을 추려낸 개념이 아닙니다.

이를테면 우리는 사람을 그릴 때 머리와 몸통과 손발을
그립니다. 대체로 우리가 만난 인간들의 모습을 일반화하는
것인데요. 보편적 이미지, 보편적 표상이란 이처럼 자주 반복
되는 경험을 통해 만들어집니다. 플라톤은 『정치가』에서 인
간을 '깃털 없는 두 발 달린 짐승'이라고 규정한 바 있는데요.
언뜻 보면 그럴싸한 분류입니다. 하지만 다리가 없는 지체장
애인은 이 규정을 벗어납니다. 인간이든 사물이든 우리가 형
성한 보편적 표상은 대체로 이런 것들입니다.

그런데 추상노동은 노동에 대한 보편적 표상이 아닙니
다. 구체적 유용노동의 차이점들을 최대한 걸러내고 공통점
만 모은 그런 게 아니라는 말입니다. 구체노동과 추상노동의
구분은 상품의 생산을 어느 측면에서 볼 것인가에 달렸습니
다. 상품 생산을 유용성, 즉 사용가치의 생산이라는 관점에서
본 것이 구체적 유용노동이라면, 교환가치[가치]의 생산이라
는 관점에서 본 것이 추상노동입니다. 우리가 '가치'를 직접
목격할 수 없듯이 우리는 추상노동을 직접 목격할 수 없습니

다. 우리가 목격하는 모든 노동은 구체적 유용노동입니다. 추상노동에서는 땀 냄새가 전혀 나지 않습니다.

사실 추상노동에 대한 마르크스의 일부 언급은 오해를 불러일으킬 수 있습니다. 이를테면 그는 이렇게 말합니다. "우리가 생산활동의 규정[질적 규정], 따라서 노동의 유용한 성격을 무시한다면, 그것은 인간노동력의 지출이라는 사실이 남을 뿐이다. 재봉과 직조는, 비록 질적으로는 다른 생산활동이지만, 둘 모두 인간의 두뇌, 근육, 신경, 손 등의 생산적 소비이고, 이런 의미에서 모두 인간노동이다."[김, 54~55]

하지만 마르크스의 말을 "어차피 모든 노동은 두뇌, 근육, 신경, 손을 사용하지 않느냐?"라고, 그런 공통성이 있지 않느냐 하는 식으로 이해하면 안 됩니다. 손을 쓰지 않는 노동도 있을 수 있으니까요. 마르크스의 언급은 '재봉'과 '직조' 노동의 유사성에 대한 게 아닙니다. 두 노동은 형태상으로 아주 다릅니다. 마르크스가 강조하는 것은 두 노동이 모두 인간의 능력을 사용했다는 사실입니다.

아마포든(직조의 결과물) 외투든(재봉의 결과물), 모두 인간이 힘을 쓰고 능력을 발휘해서 만들어낸 것입니다. 이때의 공통성은 결과의 공통성이 아니라 원인의 공통성입니다. 이 공통성은 아마포와 외투 사이의 외적 유사성에서 찾아낸 것도 아니고 직조 노동과 재봉 노동의 외적 유사성에서 찾아낸 것도 아닙니다. 이 공통성은 아마포와 외투가 모두 인간노동의 산물이라는 것, 즉 직조 노동과 재봉 노동이 모두 인간능력의 발휘라는 것입니다. 공통 원인으로서 인간능력[노동력]이 직조 노동으로 발휘되기도 하고 재봉 노동으로 발휘되기도 한 것이죠. 동일한 능력을 직조에도 쓸 수 있고 재봉에도 쓸 수 있는 겁니다.

마르크스가 든 기하학의 예도 이런 점에서 이해할 수 있습니다. 그는 교환가치가 나타내는 '공통적인 것'을 다각형과 삼각형의 관계로 설명했습니다.[김, 46] 다각형의 면적을 비교할 때 우리는 다각형을 삼각형으로 분해해서 계산할 수 있습니다. 모든 다각형은 삼각형으로 분해할 수 있으니까요. 그리고 삼각형은 다시 "외견상의 모습과는 전혀 다른" 밑변과 높이로 환원할 수 있습니다. 마르크스는 상품의 교환가치들도 이런 식으로 공통된 무엇으로 환원할 수 있다고 말합니다.

그런데 나는 마르크스의 언급을 반대 방향에서 접근하는 것이 낫다고 봅니다. 그는 분석의 관점에서 접근했지만, 종합의 관점에서 보는 것이 낫습니다. 즉 마르크스는 다각형을 삼각형으로 분해할 수 있다고 했는데, 추상노동의 관점에서 보자면 모든 다각형은 삼각형을 가지고 만들어낼 수 있다고, 즉 모든 다각형은 '삼각형의 산물'이라는 점에서 공통된다고 말입니다. 삼각형을 다각형들의 유사성에서 도출해낸 것으로 보지 말자는 겁니다. 이 공통성은 결과물들 사이의 유사성이 아니라 원인의 공통성입니다. "외견상의 모습과는 전혀 다른"이라는 표현을 마르크스가 힘주어 쓴 이유가 거기 있을 겁니다(그는 외견상의 유사성에서 접근한 것이 아니라는 점을 좀 더 분명히 하기 위해 다시 삼각형을 밑변과 높이로 분해했지만요).

ㅇ 추상노동이 전제하는 '인간학'—'동등한 인간'의 노동

모든 상품들은 공통 원인으로서 인간노동의 산물이고, 마르크스는 이 노동을 구체적 유용노동과 구분해 '추상노동'이라고 했습니다. 그렇다면 각 상품의 가치는 그것의 생산에 지출된 추상노동의 양만큼이라고 생각할 수 있습니다. '외투 한벌'과 거기 사용된 천, 이를테면 '아마포 20미터'가 교환된다면, 외투 한 벌에 들어 있다고 간주된 추상노동의 양과 아마포 20미터에 들어 있다고 간주된 추상노동의 양이 같다는 이야기입니다. 이것은 상품들의 교환으로부터 이론적으로 추론해낼 수 있습니다.

그런데 추상노동에 대한 이런 추론이 현실적 의미를 가질 수 있을까요? 외투와 아마포가 일정 비율로 교환된다는 사실에서 추상노동을 추론할 수는 있지만 현실적으로 외투를 만드는 노동[재봉]과 아마포라는 천을 짜는 노동[직조]은 너무나도 다른데 말입니다. 이 두 노동이 동등하다는 것을 어떻게 현실적으로 인정할 수 있을까요? 두 상이한 노동이 어떻게 동일한 능력의 사용이라고 말할 수 있을까요?

여기서 마르크스는 흥미로운 사고실험을 제안합니다. "동일한 인간이 번갈아가면서 재봉도 하고 직조도 하는" 상태를 가정해보자는 거죠.[김, 54] 그러니까 동일한 사람이 아침에 직조를 하고 저녁에 재봉을 합니다. 시간을 더 길게 분할

해도 괜찮겠죠. 오늘은 아마포를 만들고 내일은 외투를 만드는 식으로요. 그렇다면 우리는 직조와 재봉이 아주 다른 노동이기는 하지만 동일한 사람이 행하는 활동이라고 말할 수 있습니다. 활동의 동등성 문제를 주체의 동일성으로 해결하는 방식입니다.

이렇게 하면 꽤 많은 문제들을 단순화할 수 있습니다. 천을 짜는 사람과 옷을 재단하는 사람을 따로 설정한 상황에서는 두 노동을 동등화할 때 무리가 따를 수 있지만요, 한 사람이 두 가지 일을 한다고 생각하면 그 일들은 동일한 개인이 수행하는 생산활동의 스펙트럼에 들어갑니다. 그리고 동일한 개인이므로 생산활동에서 발휘되는 역량의 질도 동질화할 수 있습니다. 가치의 비교가 쉬워지는 겁니다.

우리 자신의 하루 일과로 생각해볼까요. 우리는 상이한 활동들을 비교할 수 있습니다. 비슷한 집중도를 요한다고 전제하면, 서로 다른 일이라 해도 우리는 시간을 더 필요로 하는 일에 더 많은 가치를 요구할 겁니다. 이 정도 일이면 이 정도의 가치는 인정받아야 한다는 생각을 할 겁니다(물론 이런 평가는 아직 개인적인 것이고 시장에 가면 수정이 되겠지요).

주체의 활동을 시간적으로 분할한 사고실험을 공간적으로 바꾸면 어떨까요. 동일한 주체를 시간축에 따라 분할한 것을 공간축을 따라 분할해보는 겁니다. 앞에서 동일한 주체를 어제와 오늘로 나누고 상이한 일을 하게 만들었다면, 이번에는 여기서 일하는 인간이 저기서도 일하게 하는 겁니다. 일종의 분신술입니다. 손오공이 분신술을 쓰듯 동일한 인간이 여러 명이 되어 동시에 서로 다른 일을 하는 것이죠. 이것이 "동일한 인간이 번갈아가면서 재봉도 하고 직조도 하는 상태"의 공간적·사회적 버전입니다.

좀 만화적인 상상입니다만, 자본주의 생산방식에는 잘 들어맞습니다. 예컨대 외투의 제작과정을 시간 차원에서 보면, 면화를 따고 실을 뽑고 천을 짜고 외투를 만드는 식으로 진행됩니다. 자본주의에서는 이런 일들이 동시에 여기저기서 진행됩니다. 어느 농장에서는 면화를 따고 있지만 어느 방적 공장에서는 실을 뽑고 천을 짜고 있으며 어느 재봉 공장에서는 외투를 제작하고 있으니까요.

문제는 이런 분신술의 사고실험이 현실적으로 정당화될 수 있느냐입니다. 즉 우리는 여러 곳에서 일하는 상품의 생산자들, 노동자들을 동일한 인간으로 가정할 수 있는가. 그리고 그들의 노동을 동일한 인간의 능력처럼 동등한 능력의 발휘로 볼 수 있는가.

이제까지 우리는 상품의 문제가 가치의 문제이며 가치란 교환가치로 현상하는 것이고, 가치의 실체란 추상노동이라고 말해왔습니다. 그런데 여기서 우리는 가치의 문제가 특정한 '인간학'을 전제함을 알게 되었습니다. 말하자면 추상노동은 근대의 인간학을 근거로 한 것입니다.

○ 근대사회와 평균적 인간—온갖 차이에도 불구하고 같다

정말로 사람들은 '동일한 인간'이라고 불러도 좋을 정도로 비슷한가요? 마르크스가 정말로 모든 인간들을 클론(Clone)처럼 똑같다고 생각하지는 않았을 겁니다. 사람들은 저마다 생김새도 다르고 기질도 다릅니다. 엄격한 의미에서 보면 동일한 인간이란 있을 수 없습니다. 세상에는 두 개의 먼지도 같은 게 없는 데 어떻게 그런 말을 하겠습니까.

그렇다면 추상노동을 말할 때 상정한 '동일한 인간'이란 어떤 존재일까요? 마르크스의 말을 좀 더 살펴볼 필요가 있습니다. 그는 추상노동을 "평범한 인간(gewohnliche Mensch)이 자기 육체 안에 평균적으로(im Durchschnitt) 지니고 있는 단순한 노동력(einfacher Arbeitskraft)을 지출하는 것"이라고 했습니다. 그러고는 '단순한 평균적 노동'(einfache Durchschnittsarbeit)이라는 말로 앞의 문장을 이었습니다. '단순한 평균적 노동'이라는 표현에 강조 표시까지 해두었고요.[김, 55]

마르크스가 말한 '동일한 인간'은 평범한 인간이고 평균적 인간입니다. 그가 평범, 평균, 단순이라는 말을 쓰는 것에 주목할 필요가 있습니다. 이 말들은 개별적 편차를 부정하는 게 아닙니다. 오히려 평균은 편차를 전제합니다. 편차가 없다면 평균이란 말도 필요가 없을 테니까요. 문제는 편차들의 분포가 어떤가 하는 겁니다. 평균이라는 말이 의미가 있는 그런 분포인가. 평균이 의미를 가질 때는 전체를 나타내는 '대표' 내지 '전형'으로 그것을 볼 수 있을 때입니다.

예컨대 우리는 한국의 주당 노동시간을 다른 국가의 경우와 비교합니다. 노동자 개인의 편차에도 불구하고 이 평균값은 의미가 있습니다. 한국의 노동자들이 평균 52시간 일한다고 했을 때 그보다 많이 일하는 사람도 있고 적게 일하는 사람도 있겠습니다만, 한 주에 52시간 일하는 노동자를 대표로, 전형으로 간주할 수 있습니다.

하지만 이처럼 평균을 구하는 게 의미가 없는 사회도 있습니다. 단지 계산의 문제라면 평균은 어느 사회에서나 구할 수 있습니다. 하지만 그런 게 의미를 갖지 않는 사회가 있습니다. 신분제 사회가 그렇습니다. 이를테면 조선시대에 선비는 책을 쓰고 농부는 밭을 갈고 대장장이는 호미를 만들고 백정은 고기를 자릅니다. 이 사회에서 '동일한 인간'을 말할 수 있을까요. 전체 인구를 대표하는 '평범한 인간'은 누구일까요. 양반일까요? 상민일까요? 천민일까요?

엄격한 신분제 사회라면 마르크스가 말한 '동일한 인간'을 상정할 수 없습니다. 책을 쓰는 일과 호미를 만드는 일을 비교하는 것도 당연히 불가능하고요. 신분에 따라 할 수 있는 일이 나뉘어 있으니까요. 이때는 저마다의 일을 동등한 것으로 상정하기가 그 자체로 어렵습니다. 우리가 모든 일을 평균적 인간의 동등한 능력의 발휘로 볼 수 있으려면, 모든 일이 누구에게나 개방되어 있고 일정한 훈련만 받으면 누구나 할 수 있다고 간주되어야 합니다. 신분제 사회에서는 이것이 불가능합니다. 평범한 인간, 평균적 인간이 의미를 갖지 않는 것은 물론이고요. 단순한 노동력의 지출이 성립하지 않기에 추상노동도 존재하지 않습니다. 노동생산물은 있지만 상품은 없고, 구체노동은 있지만 추상노동은 없습니다.

그렇다면 근대사회는 어떤가요? 평범, 평균, 단순이라는 말이 의미를 갖습니까? 인구집단에 대한 통계 처리가 의미가 있나요? 대답이 필요 없을 듯합니다. '통계학'(statistics, Staatslehre)이라는 학문 자체가 근대에 탄생했으니까요. 이것만으로도 어느 정도 대답은 되는 것이죠.

이 시리즈의 1권에서 나는 '인구'가 정치경제학의 중심 주제였다고 했습니다. 정치경제학은 고대의 가정관리술이 근대 들어 국가통치술로 발전한 것인데, 단순한 확장이 아니라 중요한 변형이 일어났다고 했습니다. 그 변형을 초래한 핵심 요소가 '인구'라고도 했고요. 실제로 정치경제학이 탄생한 17~18세기의 학자들은 '인구' 문제를 많이 다루었습니다. 19세기 정치경제학자들에게도 '인구'는 중요한 문제였고요.

앞서 마르크스가 인용한 정치경제학자 윌리엄 페티(1623~1687)는 17세기 정치경제학자입니다. 아직 정치경제학이 본격적으로 자리를 잡기 이전 시기의 학자죠. 그의 책 중에 사후 출간된 것으로 『정치산술학』Political Arithmetic(1690)이 있는데요. 페티는 이 책에서 런던의 인구 증가 실태와 원인, 출생률과 사망률 등을 다루었습니다. 그가 데이터를 활용해 구한 것은 통계라기보다는 그저 평균값 수준이었지만 그래도 정치산술학은 통계학의 선행학문이라고 할 수 있습니다. 정치경제학을 국가통치술이라고 했지만, 사실 '통계학'이야말로 이름에서 그것을 분명히 드러내죠. '통계학'이라는 말을 글자 그대로 풀면 '국가'(state, Staat) '학'(-ics, -lehre)이니까요. 정치경제학과 통계학은 근친 학문인 셈입니다.

그런데 정치산술학과 통계학에서 인구를 어떻게 처리하는지 그 방식을 볼 필요가 있습니다. 도시 인구가 10만 명에서 20만 명으로 증가했다고 할 때 그 숫자가 의미하는 바는 무엇일까요? 사람들의 증감을 숫자로 표시할 수 있다는 것, 각 개인이 숫자 '1'에 해당한다는 것에 대해 생각해봐야 합니다. 통계적으로 처리될 때 사람들은 모두 '동일한 인간'이 됩니다. 사람들은 '1'이라는 숫자로 단순화되어 더해지고 곱해지고 나뉩니다. 정치산술학과 통계학이 가능하려면 사람들이 우선 이렇게 '보여야' 합니다.

정치적 권리의 행사에서도 그렇죠. 온갖 차이에도 불구하고 유권자들을 한 표씩 계산하는 것은 정치적 존재로서 인간의 동등성을 전제한 겁니다. 역시 신분제 사회에서는 불가능한 일이죠. 통계학의 기법이 얼마나 과학적인가를 논하기 이전에 이 학문이 생겨나려면 역사적 조건이 필요한 겁니다. 인간을 평범, 평균, 단순이라는 말로 묘사할 수 있는 시대가 되어야 합니다.

근대 혁명에서 평균, 평범의 승리를 본 사람이 마르크스만은 아니었습니다. 마르크스 이전에 알렉시스 토크빌(A. Tocqueville)이 그랬지요. 그는 프랑스혁명의 징후를 당대 사람들이 서로 '닮아간다'라는 사실에서 보았습니다.[23] 그는 언뜻 보면 대립적인 두 가지 양상을 지적했는데요. 사람들은 닮아가면서 고립되고 있다고, 즉 동질화되면서 개별화되고 있다고 했습니다. 한편으로는 같은 생각, 같은 습성, 같은 취향을 지녔고, 같은 책을 읽고, 같은 언어를 쓰기 시작합니다. 과거에는 불가능했던 '대중적 유행'이라는 것이 만들어지죠. 하지만 다른 한편으로 사람들은 아주 작은 장벽들로 나뉘어 고립되어 있습니다. 공동체가 깨지고 저마다 개인으로서 사는 것이죠. 서로 유사한 인간들, 사실상 동질적인 인간들이 나뉘어 있을 때 그들 사이에는 무리에 대한 열망이 싹틉니다. 토크빌에 따르면 이 열망이 프랑스혁명을 추동했습니다.

마르크스 이후의 사상가 프리드리히 니체(F. Nietzsche)도 마찬가집니다. 그는 '근대의 이념'(modernen Ideen)을 '평범성의 이념'으로, 근대사회를 지배하는 도덕을 '무리동물의 도덕'으로 명명했습니다.[24] 그리고 이 이념의 탄생지로 윌리엄 페티의 나라 '영국'을 지목했습니다. 프랑스혁명이 화려하게 근대의 이념을 상연하기는 했지만 그 발상지는 영국이라는 겁니다. 여기서 평범성, 평균성, 동질성이 승리했다는 것이죠.

우리는 근대에 들어 개성이 출현했다고 말합니다. 개인들이 출현했다고요. 어떤 점에서 그 말은 맞습니다. 공동체적 유대가 해체되고 개인이 권리의 주체로서 등장했으니까요. 하지만 개인들은 한결같이 닮았습니다. 마치 아파트 생활과 비슷합니다. 함께 모여 살지만 철저히 격리된 채로 모여 있지요. 저마다 사생활을 철저히 보호받고 싶어합니다. 하지만 각자의 생활 모습은 그렇게 다르지 않습니다. 모두가 고만고만한 삶을 살고 있죠. 개별화와 동질화가 나란히 나타나는 겁니다. 이런 개인과 사회의 출현이 상품의 발전, 더 나아가 자본주의 생산양식에 어떻게 부합하는지는 이 시리즈의 3권에서 자세히 다루도록 하겠습니다.

　　° 추상노동의 역사성—태초에는 추상노동이 없었다
추상노동이 구체노동들의 유사성에서 도출된 것이 아니라는 점은 앞서 충분히 말했습니다. 그런데 추상노동은 구체노동에 대한 단순한 일반화도 아님이 분명합니다. 둘의 관계는 '유'(Gattung)와 '종'(Species)의 관계가 아닙니다. 즉 추상노동과 구체노동의 관계는 '사과, 배, 포도' 등에 대해 '과일'이라는 말이 맺는 관계가 아닙니다. 추상노동이 구체노동들을 포괄하는 상위개념이었다면 그것은 태초의 인간노동에 대해서도 말할 수 있었을 겁니다. 에덴동산에서 추방된 아담이 밭을 갈고 양을 키웠다면 경작 노동과 목축 노동을 한 셈인데, 추상노동이 구체노동들의 상위개념이라면 경작과 목축을 포괄해 추상노동을 했다고도 말할 수 있겠지요. 하지만 『자본』에서 말하는 추상노동이란 역사적으로 출현한 특수한 형태의 사회, 즉 자본주의에서 노동이 갖는 독특한 성격입니다. 역사 속에서 생겨났고 또 역사 속에서 사라질 그런 것입니다.

　　그러므로 추상노동이 존재하려면 역사적 조건들이 마련

되어야 합니다. 마르크스는 추상노동을 가능케 하는 역사적 조건에 대해 이렇게 밝혔습니다. "가치표현의 비밀은 인간의 동등성 개념이 대중의 선입관으로 확립될 때만 해명될 수 있다."[김, 76] 또 철을 생산하든 아마포를 생산하든 "동일한 것의 상이한 사용"이라는 느낌이 들도록 "단순노동이 부르주아 사회 노동자의 압도적 대중을 이룬다"라는 통계를 필요로 한다.[25] 즉 인간존재가 동등해야 하며, 노동의 형태가 동등한 능력의 발휘로 볼 수 있을 정도로 단순노동이 광범위해야 한다는 겁니다. 사람들이 크게 달라 보이지 않고 그들이 하는 일역시 크게 달라 보이지 않아야 하는 것이죠. 요컨대 인간의 정치적 해방[신분해방]과 단순노동의 지배가 필요한 겁니다.

이것이 아리스토텔레스가 부딪힌 역사적 장벽이었습니다.[김, 75~76] 그는 서로 다른 상품의 교환이 어떤 '공통성'을 전제한다는 것을 알았습니다. 우리가 곧이어 보겠지만 이 공통성이 '화폐의 존재'를 말해준다는 것도 그는 알고 있었습니다. 그의 이야기를 직접 들어볼까요.

"[교환을 위해서는] 어떤 하나의 단위가 있어야만 하고, 이것은 약정(hypothesis)에 근거하는 것이어야 한다. 바로 그런 까닭에 '노미스마(nomisma)' 즉 돈이라 불리는 것이다. 이것이 모든 것들을 같은 척도로 잴 수 있게 만들기 때문이다. 모든 것은 돈에 의해 측정되니까. 예를 들어 집을 A, 10므나의 화폐를 B, 침대를 C라고 해보자. 집이 5므나의 가치가 있거나 그것과 동등하다면, A는 B의 절반이다. 그런데 침대 C는

B의 10분의 1이다. 그렇다면 몇 개의 침대가 집 한 채와 동등한지 분명하다. 다섯 개다."[26]

하지만 아리스토텔레스는 여기서 멈춥니다. 마르크스에 따르면 그는 "난관에 봉착해 가치형태를 더이상 분석하는 것을 포기"합니다. 왜냐하면 "서로 다른 물건들을 동일한 단위로 측정한다는 것은…… 실제로는 불가능"하다고 보았기 때문입니다. 상인들이 현실적 필요를 위해 '임시변통'으로 고안한 것이지 교환되는 물건들이 실제로 동등하다고 말할 수는 없다는 거죠. 그는 교환가치[가치]의 실재를 믿지 않았습니다. 말하자면 그는 '추상노동'을 인정할 수 없었습니다. 그는 집과 침대의 공통된 실체는 "실제로는 존재할 수 없다"라고 했습니다.

그런데 마르크스는 장난기가 발동했는지, 아리스토텔레스의 "실제로는 존재할 수 없다"라는 말에 곧바로 "왜?" (Warum) 하고 묻습니다. "없기는 왜 없어?" 하며 따지는 거죠. 집과 침대의 공통된 실체로서 '인간노동'이 있지 않느냐고요. 추상노동 말입니다.

물론 마르크스는 아리스토텔레스가 그런 생각을 할 수 없었던 이유를 압니다. 그는 아리스토텔레스의 '천재성'을 의심하지 않습니다. 다만 "그가 살고 있던 사회의 역사적 한계"라고 말합니다. "그리스 사회는 노예노동에 의거하고 있었기에 인간들의 부등성과 인간노동력의 부등성을 자연적 토대로 갖고 있었기 때문"입니다.[김, 76~77] 사람들도 동등하지 않았고 사람들이 하는 일들도 동등하지 않았다는 거죠.

앞에서 말한 것처럼 신분제 사회에서는 당연한 겁니다. 부등하게 '보이는 것'을 동등한 것으로 간주할 수는 없습니다. 가치론은 그에 부합하는 인간학을 필요로 합니다. 이제 왜 마르크스가 다음과 같은 말을 하는지 이해할 수 있을 겁니다. "가치표현의 비밀, 즉 모든 노동의 동등성과 등가성은…… 인간적 동등성 개념이 대중의 판단에서 확신으로 자리 잡을 때 비로소 해독될 수 있다."[김, 76]

◦ 상품에는 '사회적인 것'이 들어 있다

지금까지의 논의는 마르크스가 근대 노동가치설의 단순한 계승자가 아님을 보여줍니다. 그가 스미스와 리카도 등의 노동가치설에서 시작하는 것은 분명합니다. 상품의 가치는 그것의 산출에 투여된 노동의 양만큼입니다. 하지만 그는 여기에 아주 사소해 보이지만 사실은 중요한 두 가지 수정을 가했습니다. 하나는 가치의 실체로서 노동은 구체적 유용노동이 아니라 추상노동이라는 것입니다. 이에 대해서는 '노동의 이중성'과 관련해 앞에서 충분히 이야기했습니다.

또 하나의 수정은 상품의 가치를 규정하는 노동의 양이 '사회적'으로 결정된다고 한 겁니다. 앞에서 말한 것처럼 추상노동의 양은 '평범한' 인간이 '평균적으로' 지닌 능력의 지출입니다. 따라서 상품을 생산할 때 한 개인이 실제로 얼마만큼의 노동을 투여했는가와 상관없이, 사회에서 평균적으로 어느 정도의 노동을 필요로 하는가에 따라 해당 상품의 가치가 정해집니다.

마르크스는 상품의 가치는 그것을 산출하는 데 필요한 노동의 양이라는 말 앞에 '사회적으로'라는 말을 넣었습니다. 한 상품을 만드는 데 특정 개인에게 필요한 노동시간이 아니라 그 사회의 생산자들이 평균적으로 필요로 하는 노동시간이 가치를 규정한다는 것이죠. 그는 이렇게 부연하고 있습니다. "사회적으로 필요한 노동시간이란 주어진 사회의 정상적 생산조건과 그 사회에서 지배적인 노동숙련도와 노동강도에서 어떤 사용가치를 생산하는 데 드는 노동시간이다."[김, 48]

참고로 한 상품이 담지한 노동의 양을, 노동의 '지속시간'으로 측정해야 하는가는 부차적인 문제입니다. 시간은 노동의 양을 재는 하나의 척도로서 제시되었을 뿐입니다. 중요한 것은 상품의 가치는 '추상노동의 양'이고 그 양은 생산자 개인이 아니라 '사회적으로' 결정된다는 점이지요. 상품의 가치가 사회적으로 결정된다는 말은, 상품에는 '사회적인 것'이 들어 있다는 말이기도 합니다. 노동생산물이 된다는 것은 사회적인 것으로서 가치가 들어 있다는 말입니다.

마르크스는 당대의 노동가치설에 '사회적으로'라는 작은 문구 하나를 넣었을 뿐인데, 이 문구가 당대 부르주아 정치경제학자들의 노동가치설과의 엄청난 차이를 만들어냅니다. 지금까지 말한 추상노동의 역사성과 관련된 모든 논의를 이 문구 하나에 압축하고 있으니까요. 앞으로 살피겠지만, 상품의 가치 결정과 관련해 생산자 개인을 넘어선 '사회적' 차원의 존재는 자본주의에서 빈발하는 위기, 즉 공황의 주요한 원인이 됩니다. 더 나아가 마르크스는 자본주의 극복이 이 '사회적'이라는 말의 성격을 어떻게 바꾸느냐에 달렸다고 봅니다. 하지만 지금 이 논의를 이어갈 수는 없고요. 이 책의 마지막 부분에서, 그리고 필요하다면 시리즈 3권에서 좀 더 언급하겠습니다.

4

상품교환 안에 화폐가 있다

———

화폐형태의 발생 기원

우리는 무게를 재려고 저울추를 씁니다.
사실 '무게'란 일정량의 설탕과 추의
'관계'일 뿐이죠. 그런데도 추 자체가
곧 '무게'라는 착각이 들곤 합니다.
마르크스가 볼 때 부르주아 경제학자들도
그런 착각을 했습니다.
저울추가 무게를 부여하는 것이 아니듯
화폐가 가치를 부여하는 게 아닙니다.
또한 표준화된 추만 무게를 달 수 있는 게 아니듯
화폐만이 가치를 나타내는 것도 아닙니다.
무게가 무엇인지 아는 사람은
무게를 다는 추가 신비하게 보이지 않습니다.

캉탱 마시, 〈환전상과 그의 아내〉, 1514.
마르크스는 '가치형태' 논의를 기반으로 이제 '화폐'가 무엇인지,
왜 상품교환에는 '화폐'가 이미 존재한다고 할 수 있는지를 설명한다.

이제 출발점으로서 '상품'에 대한 마르크스의 해명은 어느 정도 이루어졌습니다. '상품'이라고 했습니다만 실상은 '가치'에 대한 것이었지요. 상품이 단순한 노동생산물이 아니라 상품이 된 이유는 '가치'에 있으니까요. 그리고 '가치'는 '자본주의 생산양식이 지배하는 사회의 부'이기도 하고요. 그러니 『자본』의 첫 문장, "자본주의 생산양식이 지배하는 사회의 부는 '방대한 상품더미'로 나타나고, 상품은 부의 기본 형태"라는 말을 납득할 수 있을 겁니다.

『자본』 제1권의 이후 구성은 이렇습니다. 그다음 장인 제2장에서 마르크스는 '상품 유통'이 자연스럽게 나타날 수 있는 게 아님을 보여줍니다. 과거 많은 공동체들에서 자본주의가 발전하지 않았던 것은 그들이 미개해서가 아닙니다. 상품이 존재하려면 독특한 인간관계가 형성되어 있어야 합니다. 가족이나 친구들과 상품 매매를 하지 않는 이유는 '상품'이라는 존재가 이런 인간관계와 충돌하기 때문입니다.

제2장에서 마르크스는 상품의 존재가 단지 경제학만의 문제가 아니라는 것, 정치학·사회학·인류학 등의 문제라는 점을 보여줄 겁니다. 그리고 이어지는 제3장에서는 '화폐'의 다양한 기능들, 즉 상품의 가치를 측정하고 상품들 사이의 교환을 매개하고 또 부[가치]를 저장하는 기능을 설명합니다. 제1장에서 '가치'를 설명하고, 제2장에서 인간관계를, 제3장에서 화폐의 기능을 설명하는 건데요, 이 장들은 제4장부터 본격적으로 전개되는 '자본'에 관한 논의를 위한 예비작업 성

격을 갖습니다.

○ 휘황찬란한 화폐에 현혹된 사람들에게

'가치'에 대해 어느 정도 해명했으므로 곧바로 상품의 교환과정으로 나아가면 될 것 같은데, 마르크스는 여기서 발걸음을 늦춥니다. 그는 앞서의 '가치형태' 논의를 기반으로 제1장 제3절에서 '화폐'가 무엇인지, 왜 상품교환에는 '화폐'가 이미 존재한다고 할 수 있는지를 설명합니다. 이 때문에 제1장 내용이 길어집니다. 가볍게 다음 장으로 넘어가지 못한 거죠.

『자본』 제1권 제1장 제3절은 같은 권의 제3장과 마찬가지로 화폐를 주제로 합니다만 제3장과는 다른 논의를 펼칩니다. 제1장 제3절에서 마르크스는 화폐를 가치의 '현상형태'로서, 즉 자신을 직접 드러낼 수 없는 '가치'가 어떤 '사물의 몸을 빌려' 우리에게 나타난 형태로서 다룹니다. 마르크스는 이 절이 "휘황찬란한 화폐형태"에 눈을 빼앗긴 사람들을 위한 것임을 암시합니다.[김, 60] 특정한 사물이 상품들 일반의 가치를 표현하는 것에 깜짝 놀라는 "부르주아적 조잡한 눈"을 겨냥한 것이죠.[김, 73~74]

정치경제학자들이 화폐를 보고 놀랐다는 것은 가치가 무엇인지 모른다는 뜻입니다. 마르크스가 보기에 놀라운 것은 두 상품의 교환, 즉 상품들의 가치관계이지 화폐가 아닙니다. 상품교환에 대해서 해명한다면 화폐의 존재는 그다지 해명할 것도 없는 문제이기 때문입니다. 그래서 제3절은 화폐를 주제로 한 것 같지만 사실은 '화폐' 문제를 통해 가치에 대해, 특히 가치가 우리에게 나타나는 형태에 대해 다룬다고 할 수 있습니다. 화폐란 가치형태에 불과하니까요. 그러니 제3절의 내용도 제1장 전체의 주제인 '가치' 문제에 해당합니다. '화폐'를 가지고 앞서 설명했던 내용을 부연하는 것이지요.

방금 제3절을 '가치'에 대한 일종의 부연설명이라고 했는데요. 왜 이런 설명이 필요했던 걸까요? 애초 마르크스가 이 부분을 상세히 쓰려고 했던 것 같지는 않습니다. 초판(1867)을 보면 이 부분이 부록에 있었거든요. 더 자세한 설명을 원하는 사람들을 위한 별첨 자료였던 것이죠. 초판 본문에 이 내용이 없었던 것은 아닙니다만, 이렇게 세부 항목을 나누고 글을 단계별로 구성한 것은 초판의 부록에 있던 형식입니다. 그런데 제2판(1873)을 내면서 마르크스는 본문을 지금 우리가 보는 것처럼 고쳤습니다.

『자본』해설서를 낸 데이비드 하비(D. Harvey)는 이 제1장 제3절에 대해 "회계사 같은 꼼꼼한 방식으로 논의를 전개함으로써 극도로 지루해 보이는 형태"의 설명이 되었다며 불평을 터뜨리기도 했는데요.[27] 그가 왜 이렇게 말했는지 짐작되는 바는 있지만 나는 '지루'하다는 인상을 받지는 않았습니다. 나는 여기서 숫자를 계산하는 회계사보다는 시공간을 연구하는 물리학자의 냄새를 맡았습니다. 특히 두 상품의 교환을 다루는 '단순가치형태'의 등식[xA=yB]은 물리적 시공간의 기하학적 성격을 해명하는 아인슈타인의 중력장 방정식처럼 보일 정도입니다. 저 단순한 등식을 통해 마르크스가 상품세계, 가치 공간의 기하학적 성격을 해명하고 있으니까요. 제3절이 『자본』 전체의 진행을 좀 늦춘 것은 사실이지만 그만큼 상품과 가치에 대한 논의는 더 풍성해졌습니다.

사실 이런 미묘한 구성이 나타난 것은 엥겔스의 의견 때문입니다. 엥겔스는 『자본』의 출판 전 원고를 읽고는 가치형태에 대한 추상적 논의가 일반 대중들에게는 이해하기가 쉽지 않을 것이라고 견해를 밝혔지요. 마르크스도 이 점을 염려하고 있었습니다. 나중에 초판 서문에도 "가치형태론에 관한 절을 제외한다면 이 책을 어렵다고 비난할 수는 없다"라고 쓴 걸 보면 가치형태론이 어렵다는 걸 인정한 거죠. 엥겔스의 의견을 듣고 나서 그는 가치형태론을 더 명료하게 이해할 수 있도록 책 말미에 부록을 붙이려 한 것 같습니다. 그래서 초판을 내기 전에 엥겔스에게 "부록에서 가치형태에 대한 서술의 어떤 점을 대중화해야 하느냐?"라고 묻습니다.[28]

이에 대해 엥겔스는 가치형태론에 관한 것이라면 부록에서도 언급할 필요가 없다고 답합니다.[29] 어차피 소시민들은 이런 식의 추상적 사유에 익숙하지 않고 이런 문제에 골머리를 앓고 싶어하지도 않을 테니까요. 그러면서 그는 이 내용을 역사적으로 증명하는 이야기를 부록에 넣을 것을 권유합니다. 논리적으로 전개한 내용을 역사적으로 검증한 글을 쓰라고 한 것이죠. 화폐형태에 대해 논리적으로 전개한 것을 역사의 경로를 통해 입증하면 소시민들에게 큰 설득력을 가질 수 있다는 뜻이었습니다. 그리고 『자본』의 본문을 지금보다 더 많이 세분하고 별도의 제목도 붙여 사유의 과정을 좀 더 일목요연하게 보이라는 권유도 했습니다. "약간 선생식으로 보이겠지만", 그렇게 하면 대중들이 읽는 데 도움이 될 것이라고요.

그런데 마르크스는 엥겔스의 권유를 그대로는 따르지 않았습니다. 가치형태의 전개에 대해 "자네의 조언에 따르기도 하고 따르지 않기도 했"다고 답했지요.[30] 문체를 간단히 하고 내용도 세분화하고 가능한 한 "선생식으로" 서술하라는 조언은 따랐습니다. 엥겔스는 본문에 대해 말한 것이지만 마르크스는 그것을 부록에 반영했습니다.

하지만 엥겔스가 부록에 쓰라고 한 것, 즉 가치형태의 논리적 전개를 역사적 경로에서 확인시키라는 조언은 받아들이지 않았습니다. 마르크스가 이를 반영하지 않은 것은 아주 중요합니다. 나중에 조금 더 부연하겠습니다만, 화폐의 '논리적 전개'와 '역사적 전개'를 혼동하면 안 됩니다. 우리가 제1장에서 접하는 화폐의 발생(Genesis)은 '논리적 발생'이지 '역사적 발생'이 아닙니다. 이 전개과정을 역사의 단계에 대응하려 하면 전혀 엉뚱한 것이 되고 맙니다.

자, 이제 초판을 '개정한' 『자본』의 제1장 제3절을 볼까요. 마르크스는 제3절을 시작하며 앞의 내용을 환기합니다. 친절하게 내용을 요약해줍니다. 그 첫 문장에서 나는 마르크스의 마음을 느낍니다. "이제 우리는 다시 이 가치의 현상형태로 되돌아가야 하겠다."[김, 59] 몇 번이고 반복하면서 이

어려운 장을 노동자들에게 이해시키고 싶어하는 마음이 전해집니다.

우리도 마르크스를 따라 다시 정리해볼까요. 상품은 사용가치와 교환가치를 갖습니다. 전자가 상품을 '현물형태'로 접근한다면 후자는 상품의 '가치형태'와 관계됩니다. 상품은 '사용의 대상'이면서 동시에 '가치를 지닌' 물건입니다. 그런데 '가치'는 감각적인 것이 아닙니다. "상품가치의 실재에는…… 단 한 분자의 물질도 들어 있지 않"지요. 그래서 "상품을 아무리 돌려가며 만지면서 조사해보더라도 그것이 가치를 가진 물건이라는 것을 알 수 없"습니다.[김, 59]

화학자가 상품을 용해시키고 물리학자가 입자가속기에서 충돌시킨다 해도 '가치' 입자가 튀어나오는 일은 없습니다. '가치'를 낳은 것은 자연이 아닙니다. 가치는 '사회적인 것'입니다. 상품이 가치를 갖는 것은 "모든 상품들은 인간노동이라는 동일한 사회적 실체의 표현"이기 때문입니다. 마르크스는 상품의 가치가 '사회적인 것'임을 여러 번 강조했습니다. 가치란 '사회적 관계'에서 나타나는 것이지, 사물이 그 자체로 갖는 성질이 아니라고요. 그러니 좀 이상하게 들리겠지만 '상품 속에 숨은 가치'를 알려면 상품 바깥에서 맺어진 '관계', 즉 그 상품이 다른 상품과 맺는 '관계'를 알아야 합니다.

상품의 '가치'는 주관적 공상이 아닙니다. 상품의 가치를 제작자가 마음대로 정할 수는 없습니다. 그것은 분명 객관적으로 실재합니다. 하지만 직접 나타날 수는 없습니다. 한 상품의 가치는 그것과 일정한 관계를 맺는 다른 상품들의 모습으로만 나타납니다. 지금껏 우리가 계속해서 해온 이야기죠. 한 상품이 다른 상품을 통해 가치를 표현한다는 것, 바꾸어 말해 '한 상품은 다른 상품의 가치를 표현하는 역할을 한다'라는 점을 이해한다면 우리는 상품의 가치를 나타내는 화폐가 존재한다는 것도 예감할 수 있습니다. 조금 더 추상력이 뛰어난 사람이라면 여기서 이미 '화폐를 보았다'라고도 말할 수 있을 겁니다.

그런데 부르주아 정치경제학자들은 뒤늦게 어떤 상품, 이를테면 금화나 은화가 여러 상품들의 가치를 표현하는 것을 보고서 '깜짝' 놀랍니다. 이는 중요합니다. 왜냐하면 마르크스가 보기에 그건 놀랄 일이 아니기 때문입니다. 그들이 화폐를 보고 놀랐다는 것은 뒤늦게나마 가치형태에 대해 알게 되었다는 뜻이 아닙니다. 정작 놀라야 할 것에는 놀라지 않고 놀랄 것이 아닌 데서 놀라는 것은 가치에 대한 뒤늦은 이해가 아니라 몰이해입니다. 일종의 맹목이고, 보고도 보지 못한 것이죠.

제3절은 이런 사람들을 겨냥해 쓴 글입니다. "여기서 우리는 부르주아 경제학이 일찍이 시도조차 하지 못했던 것을 수행해야 한다. 즉 이 화폐형태의 발생(Genesis)을 밝혀야 한다. 다시 말해 상품들의 가치관계에 포함되어 있는 가치표현의 가장 단순하면서도 가장 눈에 띄지 않는 형태(einfachsten unscheinbarsten Gestalt)에서 휘황찬란한 화폐형태에 이르기까

지 추적해야 한다. 이와 함께 화폐의 신비는 곧 사라질 것이다.”[김, 60] 드러나 있지만 눈에 띄지 않는 형태, 즉 부르주아 경제학자들이 거들떠보지 않는 것에, 휘황찬란한 형태, 부르주아 경제학자들의 눈을 빼앗는 것의 비밀이 있습니다.

○ 만지지 마라, 거기 어디에 내가 있느냐

상품의 가치는 객관적으로 실재하지만, 다시 말해 대상으로 존재하지만, 현물처럼 “감각적이고 거친” 대상은 아닙니다. 한마디로 그것은 만지거나 붙잡을 수 있는 것이 아닙니다. 마르크스는 ‘가치’는 “어디에 위치시켜야 할지” 알 수 없다는 점에서 퀴클리 부인(Mistress Quickly)과 다르다고 했습니다.

퀴클리 부인은 셰익스피어의 희곡 『헨리 4세』에 등장하는 인물인데요. 이 인물을 인용한 게 재밌습니다. 이 희곡에서 퀴클리 부인은 이중의 성격을 가진 캐릭터입니다. 상품을 닮았죠. 정직하고 고상한 듯하지만 꽤나 외설적이고 비천하기도 합니다. 말을 할 때도 이중적 의미를 담아 던지곤 합니다.

마르크스가 인용한 대사는 『헨리 4세』의 제1부 3막 3장에서 폴스타프(Falstaff)가 퀴클리 부인을 ‘수달’(otter)이라 모욕하며 한 말입니다. 물에 사는 동물인지 육지에 사는 동물인지 모르겠다면서 한 말이지요. 물론 퀴클리 부인은 붙잡을 수도 있고 소속도 분명합니다. 물이 아니라 육지에 살죠.

하지만 상품의 ‘가치’는 퀴클리 부인과 다릅니다. 상품은 퀴클리 부인과 같은 이중성을 지녔지만 상품의 ‘가치’는 퀴클리 부인처럼 붙잡을 수 있는 '현물'이 아닙니다. 가치는 결코 감각적인 몸, 거친 몸을 갖고 있지 않습니다. 몸을 빌려 나타날 때조차 가치는 만질 수 있는 것, 감각할 수 있는 것이 아닙니다. 가치로서의 상품에는 자연 소재로서 단 한 개의 원자도 들어 있지 않습니다.

발터 베냐민(W. Benjamin)은 만질 수는 없지만 존재하는 가치, 다시 말해 사용가치와는 다른 교환가치를 가르치는 장소가 만국박람회라고 말했습니다. "만국박람회는 상품의 교환가치를 비춘다(verklaren). [그리고] 그것은 사용가치를 뒤로 물러서게 하는 틀을 만들어낸다. 그것은 사람들이 넋을 놓고 즐기기 위해(sich zerstreuen) 안으로 들어가는 그런 판타스마고리아[환등기상, Phantasmagorie]를 열어놓는다."31 "만국박람회는 소비로부터 밀려난 대중이 교환가치를 배우는 고등학교이다."32

상품을 향유하고 노는 것 같지만, 마치 정치선전에 그렇듯 사람들이 산업선전에 놀아나는 것이죠. '노는' 것과 '놀아나는' 것에는 큰 차이가 있습니다. 전자가 주체, 힘, 능력을 의미한다면 후자는 대상, 무기력, 예속을 의미합니다. 만국박람회는 전자의 모습을 한 후자입니다. 상품 이미지를 만끽하며 노는 것 같지만 실상은 상품 이미지에 놀아나는 것이라는 말입니다. 만국박람회의 '판타스마고리아'는 마르크스가 상품 '물신주의'를 말할 때 떠올린 핵심 이미지이기도 합니다. 이건 뒤에서 따로 이야기하겠습니다.

그런데 내가 만국박람회에 대한 베냐민의 언급에서 흥미를 느낀 것은 그가 주목한 하나의 문구 때문입니다. 그는 만국박람회를 '교환가치를 배우는 고등학교'로 묘사한 뒤 전시상품 앞에 붙어 있는 다음 문구를 적어두었습니다. "보기만 하고 만지지는 말 것"(Alles ansehen, nichts anfassen).[33]

교환가치를 배우는 장소에 이 문구가 있다는 게 내게는 아주 의미심장하게 느껴집니다. 전시상품을 손으로 만지는 것, 직접 사용하는 것은 안 된다는 겁니다. 그저 보기만 하라는 거죠. 그러므로 박람회에서 대중들이 체험하는 것은 상품의 사용가치가 아닙니다. 상품의 가치는 우리가 만질 수 없도록, 어떤 거리를 두고 빛납니다. 엄밀히 말하자면 물리적으로 빛나는 것도 아닙니다. 상품은 예술작품처럼, 사용가치와는 다른 가치를 갖고서 거기 있습니다.

전시상품 앞에 붙은 '만지지 마라'(붙잡지 말라, anfassen)라는 표지(標識)에서 나는 부활한 예수가 막달레나 마리아에게 했던 말을 떠올렸습니다(「요한복음」 20:11~18). "나를 만지지 마라." 예수의 무덤에 갔던 마리아는 예수가 사라진 것을 보고 엉엉 웁니다. 그러다 뒤를 돌아보니 예수가 서 있었죠. 흥미로운 점은 마리아가 그를 몰라봤다는 겁니다. 마리아는 그를 정원지기라고 생각했습니다. 그러다 예수가 "마리아야"라고 이름을 부르자 비로소 "라뿌니"(Rabbouni) 즉 "스승님"하며 알아봅니다. 그때 예수가 말하길, "내가 아직 아버지께 올라가지 않았으니 나를 만지지[붙잡지] 마라"라고 말합니다.

온갖 해석이 난무하는 성경 구절의 해석에 개입하고 싶지는 않습니다. 다만 내가 흥미롭게 생각한 것은 예수를 '본 것'과 예수를 '알아본 것'의 차이입니다. 언젠가 예수는 "아버지를 우리에게 보여주옵소서"라고 말한 빌립에게 "나를 본 사람은 곧 아버지를 뵌 것이다. 그런데 너는 어찌하여 '저희가 아버지를 뵙게 해주십시오' 하느냐?"라고 답한 적이 있습니다(「요한복음」 14:9).

예수는 이중적입니다. 인간이면서 신이지요. 나중에 마르크스가 '자본'에 대해 사용할 비유를 써보자면, 아버지와 아들이 한 몸입니다. 빌립이 '아버지'를 보여달라고 한 것은 예수를 '아들'로서만 봤기 때문입니다. 인간의 몸으로만, 다시 말해 그가 보고 만지는 그런 몸으로만 본 것입니다. 좀 불경하게 말하자면 그는 '현물형태'의 인간으로서만 예수를 봤습니다. 그런데 예수는 '나'를 보여줌으로써 '아버지'를 보여주었다고 했습니다.

부활한 예수를 본 마리아 역시 마찬가지 구조를 가지고 있습니다. 부활한 예수를 알아보기 전의 마리아는 예수를 보고 '아버지'를 알아보지 못한 빌립과 다르지 않습니다. 만약 부활한 몸이 감각 가능한 그런 몸이었다면 마리아가 불과 얼마 전까지 보았을 예수를 알아보지 못한다는 것이 이상합니다. 그런데 마리아는 처음에는 보고도 보지 못했습니다. 그러다가 자신을 일깨우는 호명이 있자 비로소 예수를 예수로서 봅니다.

감각한 눈으로 보는 것이 아닙니다. 부활한 몸, 신성의 몸, 마르크스가 상품의 가치를 묘사할 때 쓰는 말로 하자면 '초자연적 속성'(ubernaturliche Eigenschaft)[김, 73]은 감각의 눈으로 보이지 않습니다. 장-뤽 낭시(J-L. Nancy)는 이 장면을 고찰한 흥미로운 연구서를 냈는데요. 그는 부활한 예수에 대한 마리아의 알아봄을 가리켜 "현존하지 않는 것을 본다"라고 했습니다.[34] 보이지 않는 것을 보는 능력이 있는 특별한 시선을 갖게 된 거죠. 마르크스가 『자본』 초판 서문에 쓴 표현을 빌리자면 '추상력'으로 본 겁니다. 이게 없다면 보아도 보이지 않습니다. 보고도 알아보지 못합니다. 그러고는 엉뚱한 것에 눈을 빼앗깁니다. 이 점에서 부르주아 정치경제학자들은 우상숭배자들과 같습니다.

마르크스는 상품이 첫눈에는 "자명하고 평범한 물건"인데 막상 분석을 시작하면 "형이상학적 궤변과 신학적 변덕이 가득한" 것임이 판명된다고 했습니다.[김, 91] 가치에 대해 따지고 들수록 그렇다는 생각이 듭니다. 정말로 상품세계는 마르크스의 말마따나 '종교세계' 같다는 생각을 합니다.

상품과 가치, 화폐와 종교세계 이야기는 뒤에서 '물신주의'를 말할 때 더 이어가겠습니다. 일단 여기서는 '가치'에 대해 이 말을 해두고 싶어요. 몸을 만지지 마라, 거기 어디에 내가 있느냐.

∘ '가치형태'의 제1형태—단순한, 개별적, 우연적 가치형태

자, 이제 마르크스가 놀란 대목, 어찌 보면 너무나 단순한 장면에서 다시 시작하겠습니다. 상이한 두 상품의 교환 말입니다. x량의 '상품 A'와 y량의 '상품 B'의 교환. $xA=yB$. 앞에서 누차 말한 것처럼 "모든 가치형태의 비밀은 이 단순한 가치형태 속에 숨어 있"습니다.[김, 60] 엥겔스에게 보낸 편지에서 마르크스는 이 '단순한 상품형태'에 "노동생산물의 모든 부르주아적 형태의 비밀 전체가 포함"되어 있다고도 했습니다.[35]

단순한 가치형태의 두 항을 살펴볼까요. 상품 A는 자신의 가치를 상품 B를 통해 상대적으로 표현합니다. 다른 말로 하면 상품 A의 상대적 가치는 상품 B라는 등가물을 갖습니다. 그래서 마르크스는 단순한 가치형태를 이루는 두 항 중 상품 A를 '상대적 가치형태'라고 부르고 상품 B를 상품 A의 '등가형태'라고 부릅니다.

이제 등호에 대해 생각해볼까요. 마르크스는 두 상품의 가치관계에서 사람들이 두 상품의 양적 비율에 먼저 주목하는 것을 지적했는데요. 그에 따르면 우리는 오히려 양적인 문제는 일단 떼어놓고 보아야 합니다. 중요한 것은 양적 비율이 아닙니다. 이 등식에서 우리가 생각해야 할 것은 한 상품의 가치가 어떻게 다른 상품과의 관계로 표현될 수 있는가 하는 점입니다. 양적 비교는 그다음이죠. 상이한 상품이 일정한 양적 비율로 교환되려면 그 이전에 그것들이 동일한 단위로 나타날 수 있어야 합니다.

기억을 더듬어볼까요. 이 논의는 앞에서 이미 진행한 바 있으니까요. 물건들의 '물리적 속성'들로는 이 공통성에 이를 수 없다고 했습니다. 노동가치설을 따라 모든 물건이 다 노동의 산물이라고 말하는 것으로도 충분치 않다고 했고요. 구체적 노동들은 모두 다르니까요. 천으로 양복저고리를 만든다고 했을 때 두 가지 노동, 즉 직조와 재봉은 완전히 다른 노동입니다. 구체적 노동으로 접근하면 해결책이 없습니다. 마르크스는 당대 정치경제학자들의 주장을 따라 인간의 노동이 들어갔다는 사실에서 문제를 검토했습니다. 하지만 이 '노동'은 구체적 노동일 수 없다는 걸 깨달았죠.

'노동의 이중성'이라는 말, 기억하시죠? 마르크스가 자신의 대단한 업적으로 밝혔던 것 말이에요. 그는 구체적 노동인 '유용노동'과 '추상노동'을 구별했습니다. 구체적 사용가치를 갖는 현물을 생산하는 노동들은 상이하지만 그럼에도 그것들을 일정 비율로 교환할 수 있다는 사실은 공통된 무엇을 표현하는 것이라 할 수 있습니다. 구체적 노동들은 상이하지만 모두가 동일한 인간노동력의 발휘라고 보는 겁니다. 이때 말하는 인간은 구체적인 개별 인간이 아니라 평균적 인간입니다. 이 인간이 수행하는 노동이 '추상노동'이고, 추상노동에는 평균적 인간, 말하자면 '추상적 인간' 개념이 전제되어 있습니다.

마르크스는 자본주의사회에서 상품의 이중성에 상응하는 노동의 이중성을 제시한 겁니다. 각각의 노동은 각각의 산물을 내놓습니다. 구체노동의 산물은 '현물로서 상품'이고 추상노동의 산물은 '가치로서 상품'입니다. 구체노동이 현물을 생산하는 노동이라면 추상노동은 '가치형성노동'(wertbilden-den Arbeit)인 겁니다. 그렇다고 우리가 노동을 두 번 하는 건 아닙니다. 자본주의사회에서 노동자는 단 한 번의 노동으로 '현물로서 상품'을 만들면서 동시에 '가치 있는' 상품을 만드는 것이죠.

그러므로 구체노동과 추상노동은 자본주의에서 노동이 갖는 두 가지 면모입니다. 노동의 이러한 이중성을 잊지 말기 바랍니다. 마르크스는 나중에 상품의 생산과정을 분석하면서 이를 다시 이용합니다. 그는 상품 제작과정을 두 번 분석합니다. 한 번은 '노동과정'으로, 다른 한 번은 '가치증식과정'으로 말입니다.

첨언해둘 것이 하나 있습니다. 방금 추상노동을 가치형성노동이라고 했습니다만, 우리는 인간행위로서 '노동'과 상품에 담긴 가치로서 '노동'을 구분해야 합니다. 전자는 노동력을 사용하는 활동을 말하고요(이 활동 자체는 가치가 아닙니다), 후자는 그 결과로 노동이 상품에 들어가 '응고된' 것입니다(상품에 담긴 일정량의 '노동'이 바로 가치입니다).[김, 64] 마르크스는 이것을 물질적 비유를 써서 설명합니다. 노동자가 노동을 하면 '유동상태'(flussigen Zustand)인 어떤 것이 흘러나와서 상품에 들어가 '젤'(Gallerte) 혹은 '크리스탈'(Kristalle)이 되는 것처럼요.[김, 47, 64] 물질적 비유라서 오해의 소지가 있

102

습니다만, 이 비유는 '노동과정'과 '가치증식과정'을 다룰 때, 그러니까 『자본』 제1권 제3편 제5장의 '산 노동'과 '죽은 노동'에 대해 말할 때 참조할 수 있는 것이라 미리 귀띔해둡니다. 그때 또 이야기하겠습니다.

○가치의 거울──다시 한 번 단순한 가치형태의 등식을 볼까요? 이 등식은 다음 사실을 말해줍니다. 한 상품의 가치는 다른 상품을 통해 표현됩니다. 이때 표현되는 것은 두 상품에 공통된 것입니다. 상품 A는 상품 B와 공통된 어떤 것을 상품 B를 통해 '대상적으로' 표현해야 합니다. 마르크스의 표현을 직접 따오다 보니 말을 어렵게 했습니다만 실상은 어려운 말이 아닙니다. 상품 A는 자신의 가치를 자기 바깥에 서 있는 것으로서 '마주' 본다는 겁니다. 상품 B의 형태로 말이죠. 이게 마르크스가 말하는 '대상성'(Gegenstandlichkeit)입니다.

가치의 '대상성'은 참 재밌는 말입니다. 자기 안에 있는 가치를 자기 바깥에서 마주한다니. 꼭 거울 보는 것과 같죠. 자기와 마주 서 있는 것이 자기 자신이니까요. 실제로 마르크스도 '거울'이라고 말합니다. "상품 B의 신체는 상품 A의 가치를 드러내는 거울"이라고요.[김, 66; 강, 110] 그런데 외형이 닮은 건 아니에요. 굳이 말하자면, 니체가 '친구'에 대해 말했던 것처럼, 표면이 '울퉁불퉁한' 거울에 비친 자기 모습이죠. 안 닮았지만 거기 비친 것은 자기가 맞습니다. 이것은 물리적 거울이 아니라 '가치의 거울'(Wertspiegel)이니까요.[김, 74;

예컨대 상품 A를 아마포, 상품 B를 저고리라 하고 교환비율을 '아마포 20미터＝저고리 1벌'이라 한다면 '아마포 20미터'의 가치는 '저고리 1벌'의 모습으로 아마포 바깥에 서 있습니다. 저고리는 아마포의 모습입니다. 현물형태가 아니라 가치형태로 말이죠. 실제로 그렇게 보여야 합니다. 마르크스의 재미난 비유를 들자면 "마치 개인 A가 개인 B에게 왕으로 섬김을 받으려면, B의 눈에 왕이 A의 몸으로 나타나야" 하는 것이죠. 게다가 "왕이 바뀔 때마다 용모와 머리카락, 기타 여러 가지가 함께 변해야" 합니다.[김, 65; 강, 109] 이번에는 저고리였지만 다음번에는 축구공의 몸을 하고 올 수도 있으니까요.

아마포는 저고리일 때도 축구공일 때도 거기서 자기의 가치를 봅니다. 어떤 때는 저고리에, 다른 때는 축구공에 깃든 자기 영혼을 보는 거죠. 마르크스는 상품의 가치에 대해 말할 때 '유령적 대상성'(gespenstige Gegenstandlichkeit)이라는 표현을 쓴 적도 있는데요.[김, 47] 여기서는 아예 '가치영혼'(Wertseele)이라는 말을 씁니다. 문학적 비유죠. "저고리가 단추를 채우고 나타났음에도, 아마포는 그 속에서 동족인 아름다운 가치영혼을 알아본다."[김, 65; 강, 109]

저고리라는 거울을 통해 아마포는 한편으로 자신의 가치를 봅니다만 다른 한편으로는 모든 상품들에 들어 있는 공통된 것을 보기도 합니다. 아마포는 저고리가 자기와 '동족'(stammverwandte)임을 압니다. 마르크스는 어떤 점에서는 '인간'도 '상품'과 마찬가지라면서 비유를 드는데요.[김, 66, 각주 19; 강, 110, 각주 18] "인간은 손에 거울을 들고 탄생하는 것"이 아니므로 "다른 사람을 통해 자신을 보게"됩니다. 다른 사람이 자신을 비추는 거울인 것이죠. 베드로는 바울을 보면서 "인간으로서 자기 자신을 마주"합니다. "그러나 그렇게 됨으로써 베드로에게…… 바울은 인류의 현상형태"가 됩니다. 즉 바울은 베드로를 비추는 거울이면서 동시에 보편존재로서 인류가 베드로에게 나타난 모습이기도 합니다.

마르크스는 이를 언어에 비유하기도 했습니다.[김, 66; 강, 109] "아마포는 자기만 아는 언어, 즉 상품어로 자기 생각을 표현한다." 아마포는 자기의 가치를 '저고리'로 표현합니다. 저고리는 아마포의 말, '상품어'(商品語)입니다. 상품의 교환을 언어활동에 비유한 거죠. 이에 대해서는 이 시리즈의 3권에서 『자본』 제2장 '교환과정'을 다룰 때 언급하겠습니다.

다만 여기서는 마르크스가 상이한 상품의 등치를 통해 표현하는 가치의 언어로서 '라틴어'를 말한 부분만 말해둡니다. 마르크스는 상품의 가치를 나타낼 때는 독일어보다 라틴어가 낫다고 했습니다. 독일어 'Wertsein'보다는 라틴어 계통의 동사 'Valere', 'Valer', 'Valoir'가 더 낫다고요. 독일어가 풍토적인 것을 상징한다면 로마제국의 언어 라틴어는 보편적인 것을 상징합니다. 그래서 라틴 계통의 언어인 프랑스어가 낫다고 한 거죠. "파리는 확실히 미사를 받을 만하다!"[김, 66;

○등가형태에 대한 착각── 단순한 가치형태에서 상품 B가 상품 A의 '거울' 역할을 할 때, 상품 B는 현물형태로서가 아니라 가치형태로서 그렇게 하는 겁니다. 현물로는 둘이 확실히 다르니까요. 설탕 한 봉지의 무게를 잰다고 해볼까요. 우리는 그것의 무게를 볼 수도 만질 수도 없습니다. 우리는 이미 그 무게를 알고 있는 '추'를 가져옵니다. 설탕 한 봉지의 무게는 그런 추 몇 개로 표현되겠지요. 그런데 꼭 쇳덩어리로 된 추를 가져올 필요도 없습니다. 그 무게만 안다면 나무토막도 추의 역할을 할 수 있고 일정량의 물도 그런 역할을 할 수 있습니다. 규격용 쇳덩어리 추는 여기서 '쇠'라는 재질과는 아무 상관이 없습니다. 오직 무게를 나타내기 위해 온 것일 뿐이니까요.

물론 상품의 가치는 '무게'라는 자연적 속성과는 다릅니다. 여러 번 말했듯 그것은 물리적 관계가 아니라 사회적 관계를 나타냅니다. 그러나 이 점만 유의한다면 마르크스의 비유는 상당히 유용합니다. 저울에 매단 추가 설탕 한 봉지의 무게를 나타낼 뿐이듯(그래서 무게를 지닌 모든 것이 그 역할을 할 수 있듯), 저고리는 아마포의 가치를 나타내는 것으로서 그렇게 있는 것이니까요.

그런데 무게를 달기 위해 저울추를 쓰는 사람 중에는 무게라는 것이 '추'에만 있는 고유 성격으로 착각할 수 있습니다. 무게란 일정량의 설탕과 추의 '관계'일 뿐인데, 추가 그 자체로 '무게'를 가진 듯 생각하는 거죠. 애초 무게라는 것이 관계의 표현임을 잊고 있는 겁니다. 그나마 양팔저울은 이런 환상이 적습니다. 그런데 추가 보이지 않는 저울을 보면 저울이 설탕봉지에 무게를 부여하는 것 같은 착각을 하게 됩니다.

마르크스가 볼 때는 이것이 부르주아 경제학자들이 화폐의 신비에 빠진 이유입니다.[김, 73~74; 강, 116) 화폐란 '일반화된 등가형태'에 불과해요. 저울추 같은 거란 이야기죠. 추가 무게를 부여하는 것이 아니듯 화폐가 가치를 부여하는 게 아닙니다. 또한 표준화된 저울추만이 무게를 달 수 있는 게 아니듯 화폐만이 가치를 나타내는 것도 아닙니다. 상대적 가치형태와 등가형태의 관계를 알면, 화폐란 특별한 것이 아닙니다. 무게가 무엇인지 아는 사람은 무게를 다는 추가 신비하게 보이지 않습니다.

◦ '가치형태'의 제2형태―총체적 또는 전개된 가치형태

이로써 마르크스가 "모든 가치형태의 비밀이 숨어 있"다고 했던 첫 번째 가치형태, 즉 '단순한 가치형태'에 대한 분석이 끝났습니다. 이제 두 번째 가치형태인 '총체적 또는 전개된 가치형태'(Totale oder entfaltete Wertform)로 넘어갑니다. 모든 가치형태의 비밀이 '단순한 가치형태에 숨어 있'다고 해놓고는 왜 두 번째, 세 번째, 네 번째 형태가 필요하느냐고 물을지도 모르겠습니다. 자본주의 생산양식을 전제하는 한에서, 가장 단순한 가치형태에서 마르크스는 사실상 나머지 가치형태

들의 존재를 읽어냈습니다. 단순한 가치형태에 대한 분석이 가장 긴 이유가 그것이기도 하지요. 이 분석을 하면서 상품 분석에 관한 이전의 논의를 반복한 이유이기도 합니다.

두 번째 형태부터는 단순한 가치형태에 단지 암시적으로만 들어 있던 것들을 '가시화'합니다. 조잡한 눈을 가진 이들에게 나타난 것, 그래서 그들을 깜짝 놀라게 한 현상이 어떻게 산출되는지를 논리적으로, 단계적으로 보여주는 것이죠. 마치 삼각형에서 다각형을 산출해가듯, 단순한 것에서 시작해 복잡한 것, 휘황찬란하게 빛나는 것이 어떻게 산출되는지를 보여줍니다.

두 번째 가치형태인 '전개된 가치형태'는 다음과 같이 등식화됩니다.

$zA=uB$	20미터 아마포＝1개의 저고리
또는 $=vC$	또는 ＝10그램의 차
또는 $=wD$	또는 ＝40그램의 커피
또는 $=xE$	또는 ＝1리터의 밀
또는 ＝기타 등등	또는 ＝기타 등등

등식이 단순한 형태에 비해 조금 복잡해졌습니다만 의미는 전혀 그렇지 않습니다. 상품 A가 상품 B와만 교환되는 게 아니라 상품 C, 상품 D, 상품 E와도 교환되는 것일 뿐이죠. 앞서 우리는 상품 B가 상품 A의 등가형태가 되는 것은 그 물리

적 성질이나 외양 때문이 아니라고, 다시 말해 그 사용가치 때문이 아니라고 했습니다. 그렇다는 건 상품 A의 '가치의 거울'에 비친 모습이 꼭 상품 B일 필요는 없다는 의미입니다. 동일한 추상노동의 양만 담지한다면 어떤 상품도 그 자리에 설 수 있습니다. 설탕 한 봉지의 무게를 나타내는 추를 쇠로 만들든 나무로 만들든 물통으로 하든 상관이 없는 것처럼 말입니다.

두 상품의 교환에서 생겨날 수 있는 의심은 여기서 해소됩니다. 우연히 둘이 그렇게 교환되었다는 생각을 할 수 없을 만큼 상품의 교제가 광범위해졌으니까요. 이렇게 다양한 상품들과 등호관계가 성립한다는 것은 정말로 상품들 사이에는 뭔가 공통된 게 있음에 틀림없다는 느낌이 듭니다. 상품 A의 가치표현은 여러 가지가 되었습니다. 상품 A와의 등호가 상품 B가 갖는 물리적 성질과는 무관하다는 것도 분명해졌고요. 또한 각 상품을 생산하는 구체적 노동과는 다른 '무차별적' 노동을 전제해야 한다는 것도 명확해졌습니다. 저고리를 만들고 차를 덖고 커피를 볶고 밀을 기르는 노동들이 상품들의 교환 속에서 이루어지고 있으니까요.

우리는 이제야 상품 A가 '사회생활'을 한다는 걸 알게 됩니다. 상품 B하고만 교제할 때는 서로에게 콩깍지가 씐 둘만의 연애로 보일 수도 있습니다만, 상품 A가 상품 C도 만나고 상품 D도 만나는 것을 보면, 상품 A의 교제는 사교활동이고 사회활동인 것이 분명합니다. 인류에 대한 사랑은 연애가 아니죠. 모두를 사랑하는 연애는 없습니다. 당신의 연인이 "난 인류의 일원으로서 너를 사랑하는 거야"라고 말한다면 어떨지 생각해보세요. 그럼 이게 무슨 말인지 알 겁니다. 연애란 '인류'가 아니라 '누군가'를 사랑하고 '모든 것'이 아니라 '어떤 것'을 사랑하는 것이지요(사실 나는 '사랑' 일반이 그렇다고 생각합니다).

그런데 뒤에 '일반적 가치형태'와 '화폐형태'에서 다시 말하겠지만, 이게 기묘하게 뒤집힐 수 있습니다. 모든 것이 어떤 하나의 사물로 표상될 수 있을 때, 그러니까 모두에 대한 사랑이 어떤 것에 대한 사랑으로 충분할 때, 그래서 어떤 것을 사랑하면 모든 것에 대한 사랑이 될 수 있을 때, 그 모든 것에 대한 사랑은 '사적인 연애'에서도 그렇듯 배타적이고 독점적이며 폭력적인 사랑이 될 수 있습니다. 규모와 강도는 둘만의 연애와 비교할 수 없을 정도로 커지고요. 모든 것을 구매할 수 있는 화폐에 대한 사랑도, 만인에 대한 사랑을 가르친 예수에 대한 사랑도 그렇게 될 수 있습니다.

이야기가 너무 앞질러 가버렸네요. 이제 막 다른 상대들을 만나기 시작한 상품 A로서는 감당하기 힘든 이야기를 하고 말았습니다. 우리의 상품 A는 겨우 제2형태에 이른 것이고 방금 사회생활을 시작했을 뿐입니다. 보편적 사랑에 대해 말하기는 너무 이릅니다. 마르크스의 말처럼 이제야 "상품세계 전체와 사회적 관계를 맺"기 시작했고, "상품세계의 한 시민"이 된 것이니까요.[김, 81]

하지만 제2형태에는 결함이 있습니다. 상품 A는 아직 자본주의 생산양식에서 상품이 갖는 면모를 충분히 보여주고 있지 못합니다. 우선 상대적 가치형태라는 점에서 볼 때 상품 A의 가치표현은 완성되지 않았습니다. 그 끝을 한정할 수 없으니까요. 상품 A의 교제, 즉 상품 A의 가치를 표현하는 상품들의 목록이 어디서 어떻게 끝나는지 알 수가 없습니다. 이런 사정은 상품 B도, 상품 C도 마찬가지입니다. 그러다 보니 상품들 각각의 가치표현이 통일성 없이 잡다하게 군집을 이룹니다. 마르크스의 표현을 빌리자면 "다채로운 모자이크" 같습니다.

등가형태 쪽에서 볼 때도 같은 문제가 나타납니다. 각 상품마다 가치표, 그것도 그 끝을 알 수 없는 등가물의 목록을 가지고 다니는 셈입니다. 상품마다 자기와 교환될 수 있는 가격표를 가지고 있다고 생각해보세요. '메뉴판'이라는 게 불가능해집니다. 에스프레소 커피의 가격표에 두 잔의 우유, 한 포대의 설탕, 2분의 1미터의 비단, 3분의 1벌의 바지 등등이 적혀 있다고 생각해보세요. 그 옆에는 '카페라테' 가격표에 그런 긴 목록이 또 붙어 있고요.

상이한 상품들이 교환된다는 것은 그 모든 상품들이 동일한 무언가를 갖고 있다는 뜻인데, 말하자면 그것들은 동일한 추상노동을 일정량씩 포함하고 있습니다. 그런데 '전개된 가치형태'에서는 이런 동일성에 대한 심증이 굳어지긴 하지만, 그런 동일성을 전제했을 때 보여야 할 통일성이 나타나지는 않는 것이죠. 따라서 아직 우리가 일상에서 보는 그런 상품의 '가치형태' 모습은 아닙니다. '전개된 가치형태'는 자본주의를 살아가는 우리가 보는 상품의 가치형태의 윤곽만을 대강 보여줄 따름입니다.

○ '가치형태'의 제3형태—일반적 가치형태
○통일된 상품세계——세 번째 가치형태는 '일반적 가치형태' (Allgemeine Wertform)입니다. '일반적 가치형태'의 등식은 '전개된 가치형태'의 등식을 단순히 뒤집어놓은 것처럼 보입니다. 외견상으로는 한 상품이 여러 상품과 교환되던 것을 여러 상품이 한 상품과 교환되는 것으로, '전개된 가치형태'의 좌우만 바꾼 것 같습니다.

1개의 저고리
10그램의 차
40그램의 커피
1리터의 밀   =20미터의 아마포
2온스의 금
½톤의 철
x량의 상품 A
기타 등등의 상품

하지만 두 형태는 완전히 다릅니다. 마르크스는 등식의 좌우를 바꿀 경우 "등식 전체의 성격이 변하게 된다"라고 지

적합니다.[김, 87; 강, 129]

　'일반화된 가치형태'에서 상품들의 가치는 비로소 단순하고 통일된 표현을 얻습니다. 가치의 표현이 단순하다는 것은 '하나의 상품'으로 가치를 표현할 수 있다는 뜻이고, 통일된 표현을 얻었다는 것은 가치를 표현하는 상품이 '동일한 상품'이라는 뜻입니다. 이로써 '전개된 가치형태'의 무한정성(無限定性)과 잡다함의 문제가 해소되었습니다. 상품마다 한정 없는 교환 품목들을 나열할 필요도 없어졌습니다. 가치형태의 '다채로운 모자이크'가 사라지고 균질적 평면이 생겨난 겁니다.

　　등가형태 측면에서도 큰 변화가 나타납니다. '일반적 등가물'이 등장하자 상품마다 각자의 가치표를 가질 필요가 없게 된 겁니다. 모든 상품들의 가치는, 이를테면 '아마포'라는 단 하나의 상품(이것은 쌀도 될 수 있고 비단이 될 수도 있으며 귀금속이 될 수도 있습니다)과의 교환비율로 표현될 수 있으니까요. 상품의 개수만큼 필요했던 가치표가 단 하나로 통일된 것이죠.

　　상품들의 교환은 '공통된 어떤 것'의 존재를 전제한다는 말이 여기서 확증됩니다. '단순한 가치형태'에서 짐작했고 '전개된 가치형태'에서 심증을 굳혔던 것이 '일반적 가치형태'에서 확증됩니다. 모든 상품들이 단 하나의 공통된 상품과 교환되니까요. 우리가 '가치', '사회적인 것', '추상노동' 등으로 불렀던 것이 눈앞에 하나의 '현물'로, 이를테면 '아마포'의 모습으로 나타납니다.

  이 장면을 마르크스는 매우 종교적인 모습으로 그리고 있습니다. "아마포의 자연형태(Naturalform)는 이 세계의 공통된 가치형태이며, 따라서 다른 모든 상품들과 직접 교환될 수 있다. 아마포의 현물형태(육신형태, Korperform)는 눈으로 볼 수 있는 화신(현현, Inkarnation), 즉 모든 인간노동의 일반적이고 사회적인 변태(Verpuppung)이다."[김, 86; 강, 127~128] 신이 인간의 몸으로 강탄(降誕)하듯 가치가 현물로, 다시 말해 특정한 상품의 몸으로 현현했다는 것입니다.

○왕의 탄생──여기가 매우 주의해야 할 대목입니다. 어떤 신비에 빠져들면 안 됩니다. 일반적 가치형태도 가치형태의 하나에 불과하며, 일반적 등가물이라고는 해도 한 상품의 가치를 나타내는 등가형태일 뿐입니다. 단순한 두 상품이 교환될 때의 상품 B와 다를 바 없습니다.

  가치가 특정한 상품의 몸을 빌려 나타났다고 했지만, 가치가 직접 나타날 수 없다는 사정도 전혀 변하지 않았습니다. 마르크스가 휘황찬란한 광휘를 발하는 '금'이 아니라 '아마포'를 일반적 등가물로 내놓은 것도 금의 광휘에 눈이 멀지 않도록 하기 위해선지도 모르겠습니다. 어떤 상품이 가치의 등가물이 되기 위해 물리적으로 빛날 필요는 없습니다. 상품인 한, 즉 가치를 가진 사물인 한 어떤 상품도 그 자리를 차지할 수 있습니다. 설령 금이 그 자리에 있다 해도 그 금이 '가치'인 것은 아닙니다. 가치가 금의 몸을 빌려 우리에게 나타난 것뿐이지요. 무게가 쇠토막으로 나타날 수도 있고 물병으로 나타날 수도 있는 것처럼요.

하지만 '조잡한 눈'을 가진 많은 사람들이 여기서 혼동을 겪습니다. 우리가 처음에 짐작했고 다음에 심증을 굳혔던 '동일한 어떤 것'이 마침내 하나의 사물로 등장하면서 착시가 일어납니다. 그들은 자신이 포함된 사회적 관계가 자기 바깥에 하나의 사물로 서 있다는 느낌을 받습니다.

이는 단순한 가치형태에서 가치의 '대상성'에 대해 말한 것보다 더 강한 충격을 줍니다. 나의 내적 가치가 나의 바깥에 하나의 대상으로 서 있다는 것도 꽤나 신기했습니다만 이젠 내 앞에 서 있는 것이 개별적 존재가 아니라 일반적 존재인 겁니다. 비유컨대 이는 만물에 편재하는 신이 한 사물, 한 인간의 형상으로 내 앞에 서 있는 것과 같습니다.

흥미롭게도 일반적 가치형태는 근대적 주권형태와 닮았습니다. 상품과 시민(국민), 가치와 주권, 가치의 표상으로서 일반적 등가물과 주권의 표상으로서 군주(정부)가 모두 동형적입니다. '상품-가치-일반적 등가물'의 삼각형과 '시민-주권-군주(정부)'의 삼각형이 동형적이라는 말입니다.

실제로 마르크스는 '전개된 가치형태'에서 상품을 시민(Burger)에 비유한 바 있습니다. 더욱 흥미로운 것은 우리가 앞으로 읽게 될 『자본』 제2장에서 마르크스가 인용하는 성경 구절입니다. 그는 일반적 등가물의 출현에 대해 이렇게 말합니다. "그들은 모두 한마음이 되어 자기들의 힘과 권세를 그 짐승에게 주더라. 누구든지 이 표를 가진 자 외에는 매매를 못 하게 하니 이 표는 곧 짐승의 이름이나 그 이름의 수라."[김, 113; 강, 152]「요한계시록」 17장과 13장에서 한 문장씩 따온 것입니다.

그런데 이 구절은 토머스 홉스(T. Hobbes)의 '리바이어던' 을 연상시킵니다. 홉스는 주권자의 출현을 성경의 「욥기」에 나오는 짐승 '리바이어던'(Leviathan)에 비유했는데요. 홉스에 따르면 자연상태의 인간들은 영구적 전쟁상태에서 벗어나기 위해 자신의 자연권을 모두 이 짐승에게 양도합니다. 그리고 이 짐승에 대한 복종의 맹세 속에서, 다시 말해 '칼의 맹약' 아 래서 개인들은 동등한 계약을 맺습니다. '자연상태'에서 '국 가상태'로 이행하는 것이죠.

이를 전쟁에서 평화로의 이행이라고 단순하게 생각하면 안 됩니다. 홉스가 '공포'를 통해서라도 도달하려 했던 것은 평화라기보다 질서이고 통일입니다. 그는 '다중'(Multitude)이 하나로 표상될 수 있을 때 국가가 설립된다고 했습니다.[36] 그 는 '한 사람도 남김 없이'(every man)라는 말을 힘주어 강조합 니다. 단순히 '안전'을 위해서라면 꼭 그럴 필요가 없지요. 한 사람도 남김 없이 모두를 하나로, 단 한 사람(one person)으로 묶어낼 수 있을 때, 그 신체를 국가(common-wealth)라고 부른 다고 했습니다. 이것이 리바이어던의 탄생이라고요.

영토국가가 만들어지던 때의 정치철학자로서 홉스의 최

대 관심은 영토 내 잡다한 인구집단들에 어떻게 하나의 통일성을 부여하느냐에 있었을 겁니다. 당시 절대군주는 이 통일성의 상징이었습니다. 언뜻 생각하면 사회로부터 떨어져 있는 예외적 존재인 절대군주가 통일성을 상징한다는 말이 이해되지 않을 수도 있습니다. 하지만 그렇게 떨어져 있었기 때문에 역설적이게도 개인들의 잡다한 군집인 시민사회에서 떠올릴 수 없는 통일성의 상징이 될 수 있었던 것입니다. 홉스의 책 『리바이어던』의 표지에서 볼 수 있듯 군주의 신체 안에 얼마나 많은 잡다한 인간들이 들어 있는지 몰라요. 그 잡다한 인구들이 하나의 통일된 몸을 이루고 있는 겁니다. 주권이 군주의 몸으로 육화된 것이지요.

　도대체 어떤 존재이기에 절대군주는 그런 역할을 할 수 있는 걸까요. 흥미롭게도 홉스는 플라톤과 달리 군주의 덕성이나 자질에는 별로 관심을 갖지 않습니다. '일반적 가치형태'의 등식에 비춰 말하자면 '아마포'여도 충분한 겁니다. 왕이 왕인 이유는 그가 왕의 품성을 타고났기 때문이 아닙니다.

　우리는 마르크스가 어떻게 저고리의 가치를 아마포가 나타낼 수 있느냐는 물음에 대해 답한 것을 상기할 필요가 있습니다. "개인 A가 개인 B에게 왕의 성김을 받으려면", "B의 눈에 왕이 A의 몸으로 나타나"면 되는 겁니다. 개인 A가 왕의 품성을 타고날 필요는 없다는 말입니다. 그저 B가 그에게 복종하면, 그저 B의 눈에 A가 왕으로 보이면 그뿐입니다. B의 포기, B의 굴복, B의 충성, B의 착시면 충분하다는 겁니다.

그러므로 누구나 군주가 될 수 있습니다. 그러나 일단 누군가가 군주가 되고 나면 다른 이들은 결코 군주가 될 수 없습니다. 한 사람을 왕으로 추대하는 일은 나머지 모두를 왕으로부터 배제하는 일입니다. 한 상품이 일반적 등가물이 되는 것은 "상품세계의 모든 상품들이 등가형태로부터 배제되는" 것과 같습니다.[김, 88] 일반적 등가물이 되는 순간 아마포는 상대적 가치형태에서는 제외됩니다. 그렇지 않다면 "20미터의 아마포=20미터의 아마포"라는 동어반복이 되고 말겠죠.

거듭 말하지만 아마포가 특별해서 일반적 등가물이 된 것이 아니라, 일반적 등가물이 되면 아마포가 특별하게 보이는 겁니다. 실제로는 특별한 본성을 갖지 않는 것인데도 말입니다. 왕관을 씌우면 일종의 시각적 성체 변환이 일어납니다. 아마포의 자리는 단순한 가치형태에서도 이미 두 상품 사이의 '등호' 속에, 즉 둘의 관계 속에 있는데, 일반적 가치형태에서는 그것이 독립해 있는 듯 보이는 것뿐입니다.

여기에 속은 사람이 프루동입니다. 마르크스는 『자본』 몇 군데에 프루동에 대한 비판적 주석을 달아두었습니다. 일반적 가치형태에 대한 설명에도 프루동을 비판하는 주석을 달았는데요.[김, 88, 각주 26] 마르크스에 따르면 프루동식 사회주의는 '화폐 없는 상품사회'라고 할 수 있습니다. 프루동은 화폐를 없애고 생산자들이 상품을 직접 교환할 수 있게 하려고 했습니다. 못된 군주인 화폐를 타도함으로써 착취를 없애려 한 것이지요.

마르크스는 프루동의 꿈을 교황과 가톨릭의 관계에 비유하며 조롱했습니다. 프루동은 교황만 없앤다면 가톨릭 신자들이 모두 교황이 될 수 있다고 생각하는 것 같다고요. 하지만 교황이 죽으면 가톨릭이 붕괴할까요. 가톨릭 신자 중 한 사람이 다시 교황으로 등극하겠죠. 교황으로 타고난 신자는 없지만 저마다 교황 행세를 할 수는 없습니다. 가톨릭이 있는 한 교황은 나오게 되어 있고, 교황이 나오면 다른 신도들은 그에게 복종해야 합니다.

상품이 있는 한 화폐는 있을 수밖에 없습니다. 아마포를 금으로 바꿀 수는 있어도 화폐를 없앨 수는 없습니다. 설령 계정의 형태로 존재한다 하더라도 프루동이 기대한 대로 화폐의 폭력성이 사라지는 것은 아닙니다. 그가 없애고자 했던 화폐의 존재는 사실 상품들의 교환 속에 내재하기 때문입니다. 상품과 마주하는 화폐는 자석의 양극·음극과 같아 음극을 제거하고 양극만 가질 수는 없습니다. 상품은 원하면서 화폐는 원하지 않는다고 말하는 것은 가톨릭은 원하지만 교황은 원하지 않는 것과 같고, 군주제에 살면서 군주가 없기를 바라는 것과 같습니다.

○상품 됨의 폭력——앞서 '일반적 가치형태'는 '전개된 가치형태'의 좌우를 바꾼 것처럼 보인다고 했습니다. 상대적 가치형태와 등가형태가 자리를 바꾼 것처럼 보인다고요. 그런데 서로 자리가 바뀌어 보이는 것만큼이나 가치형태에서 둘 사이

의 주도권 변화가 나타납니다. '단순한 가치형태'에서 상품 A
는 자신의 가치를 상품 B로 표현합니다. 상대적 가치형태인
상품 A가 '능동적 역할'을 수행하고 등가형태인 상품 B가 '수
동적 역할'을 수행합니다.[김, 60] '전개된 가치형태'에서도
마찬가지입니다. 한 상품은 자기 가치를 다른 상품들로 표현
합니다. 마치 사교계에서 자신만의 매력으로 사람들을 모으
는 사람처럼 말입니다. 전자가 능동이고 후자가 수동이죠.

그런데 '일반적 가치형태'에서는 주도권이 바뀝니다. 일
반적 등가물은 개별 상품의 단순한 등가형태가 아닙니다. 일
반적 등가물은 그 자체로 상품들의 사회적 관계를 나타내니
까요. 추상노동이 독립해서 상품 앞에 서 있는 것처럼 보입니
다. 그러므로 일반적 등가물과 교환된다는 것은 해당 물건이
가치를 갖고 있다는 것, 다시 말해 '상품'임을 인정받는 겁니
다. 해당 물건의 가치가 얼마인지를 나타내기 이전에 그것이
상품이라는 사실을 알려줍니다.

뉘앙스의 차이를 느껴보세요. 한 상품이 일반적 등가물
을 통해 자신의 가치를 표현했다는 말과 일반적 등가물로 가
치가 표현되는 걸 보니 상품이라는 말. 이진경은 여기서 '표현
적'(expressive) 관계가 '재현적'(representative) 관계로 대체된
다고 지적했는데요.[37] 일단 이 관계가 성립하면 상대적 가치
형태의 자리에 있는 상품의 유일한 관심은 자신의 가치를 표
현하는 것이 아니라 상대편에 있는 등가물의 양으로 가치를
재현할 수 있음을 인정받느냐 하는 문제가 됩니다. 반대로 척

도 행세를 하는 일반적 등가물은 자신이 상품들의 가치를 정확히 재현한다는 믿음을 유포합니다.

다시 말하면 이렇습니다. 전개된 가치형태에서는 '교환가능성'이 '등가성'을 나타내지만, 일반적 가치형태에서는 '등가성'이 '교환가능성'을 나타낸다고 할 수 있을 것 같습니다. 전자에서는 한 상품이 다른 상품으로 교환된다는 사실이 두 상품이 등가적임을 말해주지만, 후자에서는 일반적 등가물로 표시될 수 있어야 해당 상품이 다른 상품과도 교환될 수 있는 상품임을 인정받는 것이죠. 도시에서 어울려 살다 보면 시민이 되는 줄 알았는데, 시민권이 있어야만 시민으로서 도시에서 어울려 살 수 있게 되는 것이라고 할까요.

이런 게 바로 표상권력, 대표권력입니다. 대표를 통해 내 의사를 표현한다고 생각했는데, 이제는 대표가 표현해주지 않으면, 다시 말해 대표를 통해 표현할 수 없으면, 내게는 의사(意思)가 있어도 없는 것과 같음을 알게 된 거죠. 상품들은 상품어로 말한다고 했는데요. 이를테면 저고리는 아마포로 자기 이야기를 합니다. 그런데 이제 이 언어구조가 그 자체로 권력구조라는 걸 깨닫게 된 거죠. 상품은 자기 가치를 말하기 전에 사회적인 것에 순응해야 합니다. 일반적 가치형태는 상품에게 '상품으로 인정받으려면 순응할 것'을 요구합니다.

한마디로 가치형태는 주권형태입니다. 그것은 복종과 순응을 요구하는 명령체계입니다. 나는 앞서 '가치를 가진 사물'을 상품이라고 불렀는데요. 이제는 약간 수정해야 할 것 같습니다. '가치를 인정받은 사물'이라고요. 가치를 주장하기 이전에 가치를 '인정받아야' 합니다. 상품이 된다는 것은 순응을 강요받는 것, 복종해야 하는 것, 즉 폭력을 경험하는 것입니다.

좀 딱딱하지만 마르크스의 말을 그대로 옮기면 이렇습니다. "상품들이 가치로서 객관적으로 존재하는 것[가치대상성, Wertgegenstandlichkeit]은 순전히 이 물건들의 '사회적 현존'(gesellschaftliche Dasein)에 의거하기에, ……결국 상품들의 가치형태는 사회적으로 타당한 형태여야 한다는 것이 명백해진다."[김, 85; 강, 127] 상품이 가치를 가진다는 것, 다시 말해 상품이 된다는 것은 그 가치형태가 사회적으로 타당한 형태여야 한다는 것이죠.

앞당겨 하는 말이 되겠지만(이 시리즈의 4권에서 『자본』 제4장을 다룰 때 할 이야기거든요), 상품으로서 노동력의 경우도 마찬가지입니다. 노동자가 노동력에 대해 제값을 받았는지는 다음 문제입니다. 우리는 노동력의 사용에서 발생하는 착취 이전에 '노동력의 판매' 자체가 착취이고 폭력이라는 점을 알아야 합니다. 상품의 가치의 등가성을 논하기 이전에, 상품화에는 권력이 개입합니다. 상품이 된다는 것은 복종의 세계, 예속의 세계로 들어가는 것입니다. 노동자는 순응자, 예속자가 됨으로써만 노동력을 상품화할 수 있습니다. 리바이어던에 모든 권리를 양도하는 한에서만, 리바이어던에 순응하는 한에서만, 자유로운 상업적 계약이 가능하다고 했던 홉스의 말처럼, 노동자는 자본의 주권을 승인함으로써만 상품의 자유로운 판매자가 되는 겁니다.

○ '가치형태'의 제4형태—화폐형태

이제 드디어 '화폐형태'(Geldform)를 말할 차례입니다. 마르크스가 가치형태론을 펼치면서 화폐형태가 어떻게 발생하는지를 보여주겠다고 했는데요. 네 번째 가치형태가 바로 '화폐형태'입니다. 그런데 사실 '화폐형태'에는 별 내용이 없어요. 가치형태를 표현하는 등식도 '일반적 가치형태'와 크게 다르지 않습니다. '아마포' 자리에 '금'이 들어가 있을 뿐이지요.

20미터의 아마포
1개의 저고리
10그램의 차
40그램의 커피   = 2온스의 금
1리터의 밀
½톤의 철
x량의 상품 A
기타 등등의 상품

그런데 이상하게 들리겠지만, 별 내용이 없다는 사실이 아주 중요합니다. 왜냐하면 화폐형태, 즉 금에 눈을 빼앗긴 사람들이 온갖 수다를 떨어대니까요. 어떻게 '금'이 모든 상품들의 일반적 등가물일 수 있을까, '금'에는 어떤 힘이 있는 걸까……. 중금주의자들의 소란과 화폐형태의 '별 내용 없음'이 절묘한 대조를 이룹니다.

네 번째 가치형태에서 '금'이 하는 일은 세 번째 가치형태에서 '아마포'가 하는 일과 똑같습니다. 즉 금은 일반적 등가물일 뿐입니다. '아마포' 자리에 '금'이 들어갔지만 그냥 '아마포'가 그대로 있어도 됩니다. 일반적 등가물로 기능하는 상품은 모두 화폐로 기능합니다. 전통적으로 우리는 '쌀'이나 '옷감'이 그런 등가물의 역할을 일정 부분 수행했음을 알고 있습니다. 미국의 어느 곳에서는 '담배'가 그런 역할을 하기도 했고, 중남미의 어느 곳에서는 '카카오 열매'가 그런 역할을 했습니다.

물론 귀금속이 화폐 역할을 한 곳도 많습니다. 그러나 이 경우에도 꼭 '금'일 필요는 없습니다. 아시아 쪽에서는 오히려 금보다 은의 역할이 더 컸습니다. 우리가 화폐를 거래하는 곳을 '금행'이라 하지 않고 '은행'이라고 부르는 이유도 그렇고, 인도 등 몇몇 나라에서 사용하는 화폐 '루피'도 산스크리트어로 '은'이라는 뜻이지요. 고대 그리스에서는 '구리'가 화폐로서 금이나 은보다 더 중요한 역할을 했던 적도 있습니다.

왜 일반적 등가물이 '금'이라는 현물형태를 취했는가에 대한 마르크스의 답변은 아주 간단합니다. "사회적 관습에 의해서"라는 겁니다.[김, 90; 강, 131] 이것은 논리가 아닙니다. 역사이고 관습인 것이죠. 화폐형태가 '금'이어야 할 이유는 없습니다. 하지만 일단 '금'이 일반적 등가물로서 자리를 굳히면 다른 상품들은 일반적 등가물의 지위를 가질 수 없습니다. 굳이 원칙을 말하라고 한다면 '자의성'이 그 원칙이라고 말할 수밖에 없습니다.

일반적 등가물의 자리에 어떤 상품이 앉는 것은 왕의 등장으로 묘사할 수도 있지만 희생양이 선택되는 과정으로 묘사할 수도 있습니다. 예컨대 희생양이 선택되는 메커니즘에 대한 르네 지라르(René Girard)의 묘사는 화폐형태에도 그대로 적용해볼 수 있습니다. "희생물을 제외한 모든 이들이 똑같은 역할을 수행하지만, 역으로 누구든지 희생물의 역할을 맡을 수도 있다. 사회의 다른 구성원들과 희생물을 구별 짓는 차이들 속에서 구원의 비밀을 찾아서는 안 된다. 여기서는 자의적인 것이 근본적인 것이기 때문이다. 지금까지 살펴본 종교적 해석의 잘못은, 희생물이나 이런 존재들이 절대적인 폭력을 구현하고 있는 것 같다는 점 때문에, 이들이 이로운 것으로 변모하는 것을 이들의 초인간적인 특성의 탓으로 돌리는 데 있다."[38]

희생양이 희생양으로 선택된 이유를 그 자체의 본래성에서 찾지 말라는 것이죠. 누구든 어떤 것이든 그 역할을 할 수 있습니다. '자의성'이 원칙이니까요. 아주 사소한 차이만으로도 누군가를 희생양으로 만들 수 있습니다. 오히려 너무 다르면 희생양으로 삼을 수가 없지요. 무리 중의 어떤 존재가 가진 작은 차이를 크게 부각하는 겁니다. 만약 너무 다른 존재라면 일단 친숙하게 만든 뒤에 희생양으로 만듭니다. 몇몇 인류학적 사례를 보면 '포로'를 희생물로 바치는 경우, 일단은 자기 부족의 여인과 결혼시키고 의형제처럼 지내는 과정을 의례적으로나마 밟습니다. 그러고는 갑자기 모욕하고 경멸하며 희생물로 처형하지요.

그래서 지라르는 희생물과 '경계'가 모종의 연관성이 있는 것 같다는 추론을 제기합니다. 너무 다르지도 않으면서 적절한 거리를 둘 수 있는 경계지역에서 희생물을 찾는다는 겁니다. "제의의 희생물들은 거의 언제나 명확하게 외부적인 것이 아니라 노예, 아이들, 가축처럼, 그 사회의 경계지역에서 선택"된다고 말합니다.[39] 지라르의 이 이야기를 기억해두세요. 우리는 다음 권에서 이 이야기를 다룰 겁니다. 왜 상품의 교환과정이 공동체의 '경계'들에서 생겨나는지, 왜 공동체의 경계에서 교환을 매개하던 상품이 일반적 등가물로 등장하는지 볼 겁니다.

화폐형태에 이르면 가치형태는 우리에게 익숙한 말로 바뀝니다. 바로 '가격'이라는 말이지요. 가치형태는 가격형태(Preisform)에 이릅니다.[김, 91] 가격도 가치가 표현되는 하나의 '형태'인 것이죠. 하지만 가치와 가격을 혼동하면 안 됩니다. 여러 번 말했다시피 가치는 그 자체로 나타나지 않습니다. 다른 상품과의 일정한 비율로 자신의 가치를 상대적으로 표현할 뿐이지요. '상대적 가치형태'와 '등가형태'라는 말을 잊어선 안 됩니다. 사정은 상품의 가치를 '금'으로 나타낸다고 해도 변하지 않습니다. '금'의 생산성에 변동이 생겨 금을 생산하는 데 '사회적으로 필요한 노동시간'이 달라진다면, 상품들의 가치는 불변인데도 금과의 교환비율은 달라질 수 있습니다. 가치의 변동이 없는데도 가격이 변하는 것이죠. 반대로 어떤 상품의 가치가 금과 똑같이 변화한다면(생산에 사회적으로 필요한 노동시간이 금과 똑같은 비율로 변했다면), 실제 상품의 가치는 변했지만 그 변화가 화폐, 즉 금으로 표현되지 않을 수 있습니다. 가치가 변했는데도 가격은 변하지 않는 겁니다.[김, 70]

이는 한 상품의 가치는 다른 상품과의 교환비율로 나타낼 수밖에 없다는 사정(가치란 '관계'이니까요), 그러니까 첫 번째 가치형태인 '단순한 가치형태'에서 우리가 이미 확인한 사정 때문입니다. 가격이 가치를 표현하는 것임에도 가격 변동은 가치 변동을 그대로 보여주지 못하는 일이 일어나는 것인데요, 이런 괴리 현상은 상품의 가치형태에 내재된 성질입니다. 이것은 자본주의 생산양식의 작동방식과 관련해 매우 중요한 특징입니다. 이에 대해서도 역시 다음 권에서 화폐의 기능을 설명하며 다루겠습니다.

∘ 화폐의 논리적 발생―상품교환에 이미 화폐가 있었다

이로써 '화폐형태의 발생'에 대한 마르크스의 해명은 끝났습니다. 앞서 나는 가치형태의 전개과정을 논리적 전개로 파악해야지 역사적 전개로 보면 안 된다고 했습니다. 단순한 가치형태의 시대, 전개된 가치형태의 시대, 일반적 가치형태의 시대, 화폐형태의 시대가 따로 있는 것처럼 생각하면 안 된다고요. 여기서 마르크스가 말한 '화폐형태의 발생'은 역사적 발생이라기보다 논리적 발생입니다. 상품의 가치형태들 중 가장 간단한 것, 그러니까 '단순한 가치형태'에 이미 화폐형태가 들어있음을 논리적 전개를 통해 보여준 것이죠.

가장 단순한 가치형태에서 시작해 그것들을 쌓고 뒤집으며 우리가 일상에서 보는 화폐형태가 어떻게 생겨나는지를 보여주는 겁니다. 복잡한 것을 분해한 뒤 다시 조립해서 보여주는 것과 비슷합니다. 마르크스는 『자본』제1권 제1장의 제3절 '가치형태 또는 교환가치'를 마무리하면서 이렇게 적었습니다. "화폐형태의 개념을 파악하기 어려운 이유는 일반적 등가형태, 따라서 일반적 가치형태(제3형태)를 분명하게 이해하지 못하기 때문이다. 제3형태는 거꾸로 하면 제2형태(전개된 가치형태)로 환원되고, 이 제2형태의 구성요소는 제1형태(즉 20미터의 아마포=1개의 저고리, 또는 x량의 상품 A=y량의 상품 B)다. 그러므로 단순한 상품형태(또는 단순한 '가치'형태)는 화폐형태의 싹(Keim)이다."[김, 91]

가치형태에 대한 분석의 순서를 말하는 겁니다. '제4형태는 제3형태의 항을 하나 바꾼 것이고, 제3형태는 제2형태를 뒤집은 것이며, 제2형태는 제1형태로 구성된 것이다.' 그렇다면 종합의 순서는 반대겠죠. '제1형태를 모아 제2형태를 만들고, 그것을 뒤집어 제3형태를 만들고, 거기서 항을 하나

교체해 제4형태를 만든다.' 꼭 블록 세트로 무언가를 조립하는 것처럼 보입니다.

　중요한 것은 해체하고 조립한 이 세트 자체가 자본주의적 상품교환이라는 겁니다. 제1형태부터 이미 자본주의를 전제하고 있습니다. 앞서 나는 '일반적 등가형태'를 근대 영토국가의 주권 형성에 비유했는데요. 그렇다고 '전개된 가치형태'를 전근대적 가치형태, 이를테면 중세적 모델로 보는 것은 아닙니다.

　마르크스도 이 점을 분명히 하고 있습니다. '단순한 가치형태'를 정리하면서 그는 한 상품의 가치가 다른 상품으로 표현되는 것은 "역사적으로 특수한 발전단계에 속하는 일"임을 다시금 강조했습니다.[김, 78~79] 즉 '단순한 가치형태'에 대한 분석 역시 자본주의 생산양식에 국한된다는 이야기입니다. '단순한 가치형태'는 인류 역사의 시작점이 아니라 우리 시대를 분석하는 시작점인 겁니다

5

물신주의

———

춤추는 책상

노동생산물이 '가치'를 가질 때
비로소 상품이 됩니다.
그런데 노동생산물인 책상이
'상품'이 되는 순간 기묘한 일이 벌어집니다.
상품으로서 발을 내딛자마자
거기에 '초감각적인' 무언가가 달라붙습니다.
"책상은 바닥에 자기 발로 설 뿐만 아니라,
다른 모든 상품들에 대해 거꾸로 서며,
책상이 저절로 춤을 추기 시작했다고 말하는 것보다
훨씬 더 기괴한 망상들을
자신의 목재 두뇌로부터 펼쳐낸다."

금화가 번영의 발판이라고 선전하는 1896년경의 정치 포스터(미국연방의회도서관 소장).
중금주의자들은 금이 그 자체로 '가치'를 지닌 것이어서
금을 쌓는 것이 곧 부를 쌓는 것이라 믿었고, 근대 경제학자들은 이런 중금주의자들을
'물신주의'라며 비난했다. 하지만 마르크스는 그 경제학자들 역시
'자본'을 다루자마자 물신적 태도를 보인다고 지적한다.

이제 『자본』 제1장에 대한 논의를 슬슬 마무리해야겠습니다. 마르크스는 『자본』의 첫 장을 '자본주의 생산양식이 지배하는 사회의 부'에 대한 이야기로 채웠습니다. 『자본』은 이 '부'에 대한 이야기를 펼쳐갈 텐데 먼저 그게 '어떤 것'인지를 첫 장에서 밝힌 거지요. 그는 '가치'라고 부르는, 이 '부'가 역사적으로 매우 독특한 것임을 보여주려 했습니다.

특히 그는 이러한 '부' 즉 '가치'가 우리에게 나타나는 형태에 주목했습니다. 그러고는 '부'의 가장 기본적 현상형태가 '상품'이라고 했지요. 상품은 단순한 노동생산물이 아닙니다. 노동생산물이 '가치'를 가질 때 비로소 상품이 됩니다. 상품이 존재한다는 것은 가치가 존재한다는 뜻입니다. 따라서 자본주의사회의 부, 즉 가치를 분석하려면 상품을 분석해야 합니다. 더 엄밀히 하자면 상품의 존재보다는 상품의 생성, 즉 노동생산물이 어떻게 상품이 되었는지를 분석해야 합니다. 비밀은 '상품 되기'에 있습니다.

이제 우리는 『자본』 제1장의 마지막 절에 이르렀습니다. 제4절 '상품의 물신적 성격과 그 비밀'은 우리에게 상품의 존재, '상품 되기'의 독특함을 다시 한 번 환기해줍니다. 문체도 제3절만큼이나 독특한데요. 보통의 경제학 서적들과는 완전히 다른 스타일입니다. 앞서 제3절에 대해 회계사처럼 지루하게 논의를 전개했다고 불평했던 하비는 제4절에 대해서는 이런 평을 내놓았습니다. "이 절은 완전히 다른(차라리 문학적 형태에 가까운, 즉 파격적이며 은유적이고 상상력이 풍부하고 유쾌하며 감성적인) 문체로 집필되어 있으며, 게다가 풍부한 변죽은 물론 마술과 미스터리, 심령술에 대한 언급들로 가득 차 있다. 그것은 앞 절의 그 회계사 냄새 나는 지루한 문체와 크게 대비된다."[40]

정치경제학에 대한 과학적 비판을 자처하는 책이 마술과 미스터리, 심령술로 가득 찼다니 재밌지 않습니까. 실제로 『자본』은 다양한 스타일을 품고 있는 책입니다. 어떤 곳은 논리학책 같고, 어떤 곳은 철학책 같고, 어떤 곳은 추리소설 같고, 어떤 곳은 희곡 같습니다. 또 어떤 곳은 역사책 같고요. 어느 대목에서는 미술 작가들의 콜라주 기법처럼 신문기사나 의회자료, 투쟁 전단지를 오려 붙이듯 쓰기도 했습니다. 『자본』을 읽을 때는 내용만이 아니라 스타일에도 주목할 필요가 있어요. 조금 장난스럽게 말해보자면, 이 책에는 스타일들의 코뮌(commune), 스타일들의 자유로운 연합이 구현되어 있습니다.

○ 춤추는 책상

자, 이제 마술과 미스터리, 심령술의 세계로 들어가볼까요. 먼데 가는 게 아니고요, 우리가 사는 세계로 들어가는 겁니다. 겉보기에는 너무나도 자연스러운, 그러나 따져볼수록 이상하고 신기한 우리 세계 말입니다. 평범한 것이 기괴한 것임을 알아챈 마르크스의 특별한 눈 덕분에 우리 세계로의 환상적 여행이 시작되었습니다.

마르크스는 제1장 마지막 절(제4절)의 첫 문장을 이렇게 시작합니다. "상품은 첫눈에는 자명하고 평범한 물건으로 보인다. [그러나] 상품을 분석해보면 그것이 형이상학적 궤변과 신학적 변덕으로 가득 찬, 매우 기묘한 물건이라는 것이 드러난다."[김, 91]

사용가치의 측면에서 보면 상품에는 신비한 게 없습니다. 상품도 하나의 사물이고, 그 물리적 속성들을 통해 인간의 욕구를 만족시킨다는 데는 아무런 신비도 없습니다. 예컨대 목재로 책상을 만들었다고 해봅시다. 책상에는 목재의 물리적 속성이 그대로 담겨 있습니다. 형태는 나무에서 책상으로 바뀌었지만요. 우리는 목재 책상을 보고, 만지고, 냄새 맡을 수 있습니다. 물리적 성격을 감각할 수가 있지요.

하지만 노동생산물인 책상이 '상품'이 되는 순간 기묘한 일이 벌어집니다. "상품으로서 발을 내딛자마자 그것은 감각적이면서 초감각적인 사물(sinnlich ubersinnliches Ding)"이 됩니다.[김, 92] 상품은 현물형태로서는 분명 감각적이지만 거기에 '초감각적인' 무언가가 달라붙습니다. 바로 '가치'인데요. 상품이 단순한 노동생산물과 다른 점이 여기 있습니다.

책상이 상품이 되는 순간을 마르크스는 이렇게 묘사합니다. "책상은 바닥에 자기 발로 설 뿐만 아니라, 다른 모든 상품들에 대해 머리로 서며[거꾸로 서며], 책상이 저절로 춤을 추기 시작했다고 말하는 것보다 훨씬 더 기괴한 망상들을 자신의 목재 두뇌로부터 펼쳐낸다."[김, 92] 책상이 자기 발로 섰다는 것은 '상대적 가치형태'로서 자기의 가치를 표현함을 가리킵니다. 다른 모든 상품들에 대해 '머리로' 섰다는 것은 다른 상품들의 '일반적 등가물'이 된다는 것이고요. 그런데 여기서 사람들을 홀리는 온갖 기괴한 일들이 생겨난다는 거죠.

가치를 표현하는 사물이 되는 순간 책상은 스스로 춤을 춥니다. 책상이 그 자체로 빛나 보이는 거죠. 가치라는 것이 하나의 사회적 관계라는 것을 잊어버리고 우리는 책상의 현란한 춤에 빠져듭니다. 중금주의자들은 '금'에 대해 그렇게 생각했죠. 금은 그 자체로 '가치'를 지닌 것이어서 금을 쌓는 것이 곧 부를 쌓는 것이라고 믿었습니다. 다른 물건들은 금을 확보하는 한에서만 가치가 있어 보였고요. 물론 근대 경제학자들은 이런 중금주의자들의 미신적 태도를 비웃었습니다. 원시적 물신주의(Fetischismus)라는 거죠.

하지만 마르크스는 물신주의를 오히려 현대 유럽, 다시 말해 자본주의 생산양식이 가장 발전한 곳에서 봅니다. 그는 근대 경제학자들이 거만한 태도로 중금주의자들을 비웃고 있지만, 그 경제학자들 역시 '자본'을 다루자마자 물신적 태도를 보인다고 지적합니다.[김, 107] '자본'을 마치 '황금알을 낳는 암탉'처럼 생각한다고요.

사실 『자본』 전체에서 '자본'의 운동, 즉 스스로 가치를 증식해가는 운동은 일종의 환상입니다. 이 환상은 '이자 낳는 자본'(『자본』 제3권 제5편)에서 극에 달하는데요. 자본을 투자한 사람은 자신이 아무 일을 하지 않아도, 그러니까 그가 잠을 자든 여행을 하든 그사이에 돈이 불어나 있어야 한다고 생각합니다.

자본가들은 한결같이 '돈이 돈을 낳는다'라는 믿음을 갖고 있죠. 돈이 살아서 춤을 추는 것을 넘어 아기까지 낳는 겁니다. 이만큼 물신적인 것이 어디 있습니까. '자본'은 우리가 이 책 끝에서 보겠지만 실상은 '자본관계'입니다. 그런데 '자본'을 그 자체로 신비한 마력을 지닌 사물처럼 생각하는 거죠. 황금알을 낳아주는 것으로요. 이에 비하면 '춤추는 책상'은 귀여운 수준의 환상입니다.

자본가만 자신이 '황금알을 낳는 암탉'을 갖고 있다고 생각하는 것은 아닙니다. 자본가가 이윤을 요구하듯 지주는 지대를 요구하는데요. 똑같은 환상을 갖고 있기 때문입니다. 자본이 이윤을 낳듯 땅이나 건물은 지대를 낳는다고요. 우리는 이런 관행에 익숙한 나머지 잉여가치에 대한 자본의 기여분, 땅의 기여분이라는 말을 너무 쉽게 받아들입니다. 그런데 돈과 땅이 살아 움직이며 풍풍 새끼를 낳는 모습을 떠올려보세요. 마르크스가 보기에 이것은 '춤추는 책상'보다 훨씬 더 기괴한 망상들입니다.

참, 마르크스는 자신이 '춤추는 책상'의 비유를 쓴 이유를 주석에 밝혔는데요. "나머지 세계가 완전히 정지상태에 있는 것처럼 보였던 바로 그때 다른 것들을 고무하기 위해 중국과 책상이 춤을 추기 시작했다"라고요.[김, 92, 각주 27] 1848년 혁명 후 세계가 더는 움직이지 않는 것처럼 보였을 때 중국에서 태평천국운동이라는 저항운동이 일어났습니다. 그런데 정작 유럽, 독일에서는 혼령의 힘으로 테이블을 돌린다는 '심령술'(table-tuning)이 유행했다고 합니다. 1848년 혁명 이후의 오랜 뒷걸음을 도움닫기 삼아 이제 막 도약을 시작하는 프롤레타리아트와 심령술에 빠진 자본주의. '중국과 책상의 춤'이라는 주석에는 프롤레타리아트의 투쟁에 대한 마르크스의 기대와 자본주의에 대한 마르크스의 조롱이 함께 담겨 있는 게 아닌가 싶습니다.

○ 상품의 신비는 '형태'에서 생겨나는 것

너무 빨리 나가는 일은 삼가야겠습니다. 벌써부터 자본, 이윤, 지대 등을 말하는 것은 이릅니다. 마르크스도 항상 이 점을 염두에 두었는데요, 이야기를 꺼낼 순서가 있습니다. 아직은 이런 말들을 꺼낼 때가 아닙니다. 우리는 이제 겨우 『자본』 제1장을 마무리하는 시점에 있으니까요. 다시 '춤추는 책상'으로 돌아가야겠습니다. 노동생산물 책상이 상품 책상이 될 때 일어나는 일에 대해서요.

상품의 신비한 성격이 사용가치에서 나오지 않는다는 것은 여러 번 이야기했습니다. 그런데 그것은 '가치를 규정하는 내용' 즉 노동 자체에서도 생겨나지 않습니다. 상품이 노동생산물이라는 사실에는 아무런 신비도 없으니까요. 물건을 만들 때의 노동은 인간유기체의 기능이고 생체 에너지를 소모하는 과정이지요. 생리학자의 영역이지 심령술사의 영역이 아닙니다.

　노동의 종류에 상관없이 일정량의 노동이 투여되었다는 것도 신비한 게 아닙니다. 자본주의 생산양식이 지배하지 않는 사회, 소위 전통사회에서도 노동을 많이 투여해야 하는 일과 그렇지 않은 일의 구분은 있었고 그것을 적절히 측정하기도 했을 테니까요. 어떤 일에 얼마만큼의 사람들을 어느 시간만큼 투여해야 하는지 경험을 통해 꽤 정확히 알았을 겁니다.

　혼자가 아니라 여럿이 함께 노동을 한다고 해도 신비가 생겨나지는 않습니다. 집안일을 할 때도 일을 나눠 할 수 있으며 공동체 전체적으로도 노동의 분업은 이루어지니까요. 노동이 사회 분업적 형태를 취했다는 것 자체가 상품 즉 '춤추는 책상'을 낳는 것은 아닙니다.

　그렇다면 상품의 신비한 성격, 이 수수께끼는 어디서 오는가. 마르크스는 그것이 "명백히 형태 자체에서 온다"라고 했습니다.[김, 93] '형태'(Form)에 주목하라는 겁니다. 우리는 그가 제1장 논의의 대부분을 '가치형태'에 할애했다는 점에 유념할 필요가 있습니다. 앞서 언급한 바 있지만 마르크스가 『자본』 제1장에서 힘주어 말한 것은 노동이 가치의 실체라는 사실이 아닙니다. 그것은 마르크스 이전에 이미 고전경제학자들, 이를테면 스미스와 리카도가 주장한 바입니다. 마르크스의 통찰이 빛나는 부분은 '실체'에 대한 것이 아니라 '형태'에 대한 것입니다.

　마르크스는 고전경제학자들이 '형태' 문제를 너무 소홀

히 다루었다고 비판합니다. "정치경제학은 어째서 이 내용이 저런 형태를 취하는가라는 물음을…… 한 번도 제기한 적이 없"습니다.[김, 103] 마르크스는 이 문제의 중요성을 환기하고자 긴 주석을 달았습니다.[김, 105, 각주 34] 그에 따르면 고전적 정치경제학의 '근본결함'(Grundmangel) 중 하나는 상품분석, 특히 상품가치 분석에서 '가치형태' 문제를 끄집어내는데 성공하지 못했다는 점에 있습니다. 스미스나 리카도 같은 최고 대표자들도 가치형태를 '아무래도 좋은 것'으로 생각해 전혀 신경 쓰지 않았다는 거죠. 이들은 오직 가치량 분석에만 신경 씁니다.

왜 정치경제학자들이 '형태' 문제를 소홀히 했을까요? 뒤에 다시 이야기하겠지만, 이는 자본주의적 가치'형태'가 역사적으로 얼마나 특이한 것인지를 몰랐기 때문입니다. 그들에게는 현재의 '형태'가 아주 자연스러웠던 것이지요. 자본주의적 가치형태를 역사적 형태가 아니라 '영원한 자연형태'(ewige Naturform)로 본 겁니다. 그래서 형태는 분석하지 않고 가치의 양에만 관심을 기울인 것이지요.

○ 물신주의

상품의 신비한 성격과 가치형태 사이에 구체적으로 어떤 관련이 있을까요? 책상을 다시 살펴보겠습니다. 우리 앞에 있는 현물로서 책상에는 별 문제가 없어 보입니다. 책상이 노동생산물이라는 것도 특별할 게 없고요. 우리가 여기에 노동력을 얼마만큼 썼는지 노동시간으로 재보자는 말도 받아들일 수 있죠. 반나절 일거리니 한나절 일거리니 하는 말을 상품사회가 아니어도 쓸 수 있습니다. 책상을 만드는 일이 한 가지 노동이 아니라 여러 노동을 결합해야 하는 것이라는 말도 납득할 수 있습니다. 나무를 자르고 모서리를 다듬고 못을 박고 칠을 하는 등 상이한 노동들을 결합하는 데는 그 무슨 신비한 마법이 필요한 게 아닙니다.

그렇다면 책상이 상품이 되는 순간 생겨난다는 '신비'는 어디서 오는가. 마르크스는 가치가 나타나는 '형태'에 비밀이 있다고 말하는 겁니다. 책상의 가치는 다른 상품의 모습을 하고 책상과 마주하지요. 이른바 '가치대상성'입니다.[김, 93] 감각할 수 없는 가치가 감각적 대상의 형태로 마주 서 있습니다. 가치가 어떤 사물의 모습으로 나타난 것이죠.

노동력의 지출량도 마찬가지입니다. 책상이 상품이 되면 거기 지출된 노동력의 크기를 우리는 다른 노동생산물로 표시할 수 있습니다. 20미터 아마포를 생산하면서 지출한 노동력의 크기를 저고리 한 벌을 생산하면서 지출한 노동력의 크기로 표시할 수 있는 거죠. 게다가 상품들의 교환에서 생산자들의 모습은 감춰집니다. 아마포와 저고리의 관계가 아마포 생산자와 저고리 생산자의 관계를 대신하는 것이죠. 인간들 사이의 관계가 사물들 사이의 관계로 나타나는 겁니다.

우리는 앞서 '가치'가 하나의 '관계', 그것도 '사회적 관계'라는 점을 살펴봤습니다. 그런데 이런 '관계'가 '사물'로서 나타나고, '사람들 사이의 사회적 관계'가 '사물들 사이의 사회적 관계'로 나타납니다. 여기서 신비한 일, 망상 같은 게 시작됩니다. 말하자면 '춤추는 책상'이 나타납니다.

왜 이렇게 보이는가. 이것은 일종의 '광학'(光學) 문제입니다. 우리가 어떤 사물을 본다는 것은 그 사물에서 반사된 광선이 우리의 시신경을 흥분시킨 결과물입니다. 어떤 물건이 빨갛다면 그것은 해당 사물에서 나온 빛과 우리 시신경이 맺는 '관계의 표현'이죠. 그런데 우리는 그렇게 생각하지 않습니다. 빨간색을 그 사물 자체의 특성으로 간주해버립니다. 관계의 성격을 사물의 성격으로 착각하는 것이죠. 이것이 물신주의입니다.

이런 예는 많습니다. 예컨대 장애 문제가 그렇습니다. '장애'가 무엇인가는 사회적 '관계'에 달렸습니다. 정신적 혹은 신체적 능력에 대한 사회문화적 편견과 거기 입각해 만들어진 도시의 물리적·사회적 환경이 '어떤 인간'을 장애인으로 만듭니다. 하지만 장애차별적 사회에서는 '장애'를 어떤 인간의 본래적 성질처럼 바라봅니다. 장애를 '지녔기에' 장애인이라고 말입니다.

심지어 비장애인들은 장애인들이 '의존적'이라고 말하며, 장애인은 '의존적 인간'이라고 말하기도 하지요. 하지만 '의존'이라는 것은 관계의 표현입니다. 사람은 살기 위해 누구나 여러 존재에 의존하고 있습니다. 우리 삶은 상호의존적 (inter-dependent)이죠. '의존적'이라는 것은 개체의 성격이 될 수 없습니다.

인종주의도 대표적 물신주의 중 하나죠. 유색인이 유색인이 되는 것은 '백인과의 관계 속에서'입니다. 마르크스가 말한 대로 '흑인은 흑인입니다'. 하지만 어떤 사람의 피부색이 문제되는 것, 그 사람의 피부색에 눈길이 가는 것은 사회적 관계의 문제입니다. "너는 유색인이 맞잖아"라고 물리적 사실을 환기하는 것은 아무런 의미도 없습니다. 누군가를 '유색인'으로 규정할 때 그 '유색성'은 해당 인간의 성격이라기보다 해당 사회의 성격입니다. 인종을 통해 작동하는 권력, 즉 인종주의가 피부색으로 '현상'하는 것이죠.

정리하자면 마르크스는 물신주의의 두 가지 면모를 지적했습니다. 관계를 사물로 착각하는 것, 그리고 인간들의 사회적 관계를 사물들의 관계로 착각하는 것(다시 강조해두자면, 상품은 그 자체로 가치를 갖지 않으며 다른 상품과의 교환비율로 가치를 표현합니다. 하지만 상품들 사이의 관계, 즉 교환비율 역시 그 상품들 사이의 자연적·물리적 관계가 아니라, 해당 상품을 생산한 인간들의 사회적 필요노동과 관계됩니다. 자연은 은행가를 낳지 않고 마찬가지로 가치도 낳지 않습니다). 이 점에서 상품의 가치형태는 물신적입니다. 관계를 사물로 혼동하고 인간들 사이의 관계를 사물들 사이의 관계로 보이게 하니까요. 하지만 이는 자본주의사회가 전형적인 물신주의 사회임을 보여줍니다. 마르크스의 말을 직접 옮기면 이렇습니다. "상품세계의 이 같은 물신적 성격은…… 상품을 생산하는 노동에 고유한(eigentumlichen) 사회적 성격에서 나온다."[김, 94]

그런데 마르크스가 말하는 상품 물신주의는 물신주의에 대한 통념과 많이 다릅니다. 일반적으로 물신주의란 특정한 사물에 대한 과도한 집착과 숭배를 가리키니까요. 원시부족의 미개한 신앙이나 성적 정신질환을 가진 사람들의 일탈적 행동을 묘사할 때 이 말을 많이 씁니다.

서구에서 물신주의라는 말이 처음 출현했을 때부터 그랬습니다. '물신'이라는 말의 첫 용례는 샤를 드 브로스(Charles de Brosses)의 『물신숭배에 관하여』*Du culte des dieux fetiches* (1760)라고 합니다. 드 브로스는 이 책에서 어떤 사물들에 대한 원주민들의 이해할 수 없는 주술적 행동들을 가리키기 위해 그 말을 썼습니다.

아마도 이 책을 읽었을 헤겔은 '물신'(Fetisch)을 아프리카인의 미개와 무능을 보여주는 징표로 삼았습니다[마르크스는 이 책을 읽었는데요, 당시 헤겔의 『역사철학 강의』 출간 작업을 하려 했던 에두아르드 간스(E. Gans)의 수업에서 소개받지 않았을까 싶습니다].[41] 인식의 출발이라 할 객관성의 정립이 아프리카인들에게는 불가능하다는 거죠. 마법사가 주관적으로, 자의적으로 선택한 사물을 주물로서 숭배하고, 효력이 신통치 않을 때는 그것을 결박하고 구타하고 내다버립니다.[42] 헤겔은 아프리카인들이 이런 주관성과 자의성에서 벗어나지 못하기 때문에 실재적인 것을 인식하지 못한다고 했습니다. 또 이렇게 자폐적 정신에 갇혀 있으니 "운동이나 발전이 없고", 결국 '역

사'라는 것을 가질 수 없다고 봤습니다.[43]

하지만 마르크스는 다릅니다. 그는 물신주의가 특정한 상품에 대한 주관적이고 자의적인 집착이 아니라 상품 일반의 객관적 성격이라 말하고 있습니다. 게다가 미개한 원주민이나 성적 정신질환을 앓는 환자의 문제가 아니라 가장 발전된 서구 자본주의의 특징이라 말하고 있습니다. 만약 물신주의를 미개한 신앙이고 정신질환이라 한다면, 우리는 상품과 자본에 대해서도 그렇게 말해야 할 겁니다. 즉 상품과 자본은 우리의 미개한 신앙이고 정신질환이라고 말입니다.

◦ 판타스마고리아—그것은 가상이고, 사라지지 않는다

마르크스가 상품의 물신적 성격을 가리키며 사용한 표현 하나가 눈에 띕니다. 상품들의 교환에서 인간들 사이의 사회적 관계가 사람들 눈에는 "물건들 사이의 관계라는 환상적 형태로 나타난다"라고 했는데요. 여기서 '환상적'이라고 옮긴 독일어는 phantasmagorische로, '판타스마고리아적' 형태라는 것입니다. 원어의 뜻을 최대한 살리고 싶은 사람들은 이것을 '마술환등상'이라는 말로 옮깁니다. 이 단어의 앞부분이 환영을 뜻하는 말이고 뒷부분이 마술을 뜻하는 말이거든요.

좀 복잡하게 설명했지만, 사실 '판타스마고리아'는 19세기 런던의 극장들에서 사용했던 장치의 이름이기도 합니다. 1802년에 최초로 상영되었다고 하는데, 환등기로 만든 광학적 환영을 스크린에 투사했답니다. 사람들을 이미지들의 마법에 홀리게 하는 것이죠. 런던에 살던 마르크스는 분명 이 장치를 잘 알고 있었을 겁니다.

하지만 상품의 마술적 효과가 극장보다 더 직접적으로 드러난 곳도 있지요. 바로 만국박람회입니다. 어떤 점에서는 만국박람회도 극장이었습니다. 상품 상영 극장이지요. 관람 동선에 따라 나타나는 상품의 이미지들을 우리가 제자리에서 볼 수 있다면 그건 영화관에서 보는 광고 영상과 다를 게 없으니까요.

박람회에 전시된 상품들은 만질 수 없습니다. 앞서도 언급했듯, '보기만 하고 만지지 말 것', 그렇게 쓰여 있었으니까요. 그렇다면 관객들은 상품의 무엇을 즐겼던 것일까요. 사용할 수 없었으니 사용가치는 아니고요. 다시 발터 베냐민의 말을 빌리자면 박람회는 상품의 교환가치를 비춥니다("교환가치를 배우는 고등학교").

그런데 가난한 노동자들은 상품을 구매할 능력이 있는 사람들이 아닙니다. 그렇다면 박람회에서 그들은 무엇을 즐겼던 것일까요. 상품들의 전시 자체가 어떤 가치, 이를테면 '전시가치'를 지녔는지도 모르겠습니다. 노동자들은 상품들을 순례하면서 그 순례를 즐겼습니다. 환등상 이미지들을 즐기듯 상품들의 이미지를 즐기는 것이죠. 꿈꾸듯 그곳을 거닐고, 그러고는 정말로 자본주의적 잠에 빠져드는지도 모르겠습니다.

마르크스는 이런 판타스마고리아적 형태를 가장 잘 볼 수 있는 곳이 종교라고 했습니다. "비슷한 예를 찾기 위해서는 종교세계의 몽롱한 지대(Nebelregion)로 들어가야 한다"라고 했지요.[김, 94] 언뜻 보면 근대의 경제와 종교는 완전히 다른 영역처럼 보입니다. 전자는 합리적 계산이 지배하는 것 같고 후자는 비합리적인 주술 내지 믿음이 지배하는 것 같으니까요. 하지만 상품 물신주의를 통해 보면 둘은 긴밀히 연관되어 있습니다.

실제로 마르크스는 상품 물신주의와 근대 부르주아지의 종교생활이 상응한다고 봅니다. "생산자 일반이 자기 생산물을 상품과 가치로 취급해, 자신의 개인적·사적 노동을 동질적 인간노동으로 환원함으로써 서로 사회적 관계를 맺는 상품사회에서는, 추상적 인간에게 예배하는 기독교, 특히 그것의 부르주아적 발전 형태인 프로테스탄트교(Protestantismus)와 이신론(Deismus) 등이 가장 적합한 형태의 종교다."[김, 102]

단 한 문장인데 무척 길죠? 노동생산물이 상품이 되는 사회, 사적 노동을 동질적 인간노동, 즉 추상노동으로 환원하는 사회에서는 종교가 프로테스탄트교나 이신론 형태를 취하게 된다는 것입니다. 프로테스탄트교는 구체적 개별 인간이 아니라 추상적 인간을 섬기고, 이신론은 신의 존재를 합리적으로 해명하고자 합니다. 추상적이고 보편적이며 합리성의 외양을 가진 종교 형태가 나타난다는 거죠. 하지만 어떻든 이것도 종교이고 신앙입니다.

마르크스는 소위 원시적 물신주의와 고대의 '자연종교'(Naturreligionen) 및 '민중종교'(Volksreligionen) 그리고 근대의 상품 물신주의와 프로테스탄트교 및 이신론 사이에 어떤 비례 관계를 설정합니다.[김, 103] 앞에서 나는 원시적 물신주의가 특정 대상들에 대한 집착과 숭배라는 점에서 마르크스가 말한 상품 물신주의와는 다르다고 했습니다. 상품 물신주의는 특정 상품이 아니라 상품 일반에 내재한다고요. 둘 중 어느 것이 진정한 물신주의인가를 따질 필요는 없을 겁니다. 물신주의의 다른 형태들을 우리가 보고 있는 것이라고 말하는 편이 낫겠습니다.

마르크스는 여기서 고대의 생산유기체들(Produktionsor-ganismen)과 부르주아사회의 생산양식을 비교하는데요. 고대 생산유기체들은 단순하고 투명했지만 "개인이 자기와 동료들 사이의 탯줄(Nabelschnur)을 아직 끊지 못했다"라고 했습니다.[김, 103] 즉 서로에 대해 충분히 타인이 되지 못한 겁니다. 사람들의 관계는 가족이나 신분, 공동체가 그렇듯 직접적이고 제한적입니다. 매개를 필요로 하지 않지요. 일반적 등가물 같은 것이 별도로 필요 없습니다. 이런 곳에서는 사회적 관계, 즉 공동체가 해체되고 서로가 낯선 타인으로, 개인으로 존재하면서 형성되는 인간관계가 만들어질 수 없습니다.

마르크스는 고대적 인간관계를 지칭하기 위해 'Befan-genheit'라는 표현을 썼는데요.[김, 103] 이것은 좁은 울타리 안에 갇혀 있다는 의미에서 인간관계의 '협소함'을 의미합니다만 어떤 것, 어떤 생각에 '갇혀 있음' 내지 '사로잡힘'이라는 뜻도 있습니다. 그는 이 '협소함', '사로잡힘'이 고대의 종교에도 반영되어 있다고 했습니다.

　대체로 고대의 신들은 어떤 종족의 신이었습니다. 조상이 신으로 변형된 경우가 많았지요. 마르크스의 '탯줄' 비유를 공동체 성원들 사이만이 아니라 조상과 후손, 신과 인간 사이에도 쓸 수 있습니다. 고대의 신들을 보면 해당 종족과의 '탯줄을 아직 끊지 않고' 있지요. 구약에 나오는 야훼도 마찬가지입니다. 그는 이스라엘의 신입니다. 이스라엘인들만을 배타적으로 사랑하는 신이죠.

　하지만 바울의 종교인 기독교는 다릅니다. 기독교의 신은 특정 종족, 특정 민족의 신이 아닙니다. 탯줄이 끊기는 거죠. 신은 인류의 신입니다. 게다가 기독교의 근대적 형태인 프로테스탄트교에 이르면, 신 앞에서 인간은 모두 똑같아집니다. 교황의 자리, 사제의 자리 같은 특별한 자리가 없습니다. 모두가 동일한 인간들입니다. 단순한, 평범한, 평균의 인간들이죠. 앞에서 우리가 사회적 인간이라 부른, 그런 통계적 인간이 프로테스탄트교에 상응합니다. 그렇다고 신앙이 사라진 것은 아닙니다. 신앙은 보편화되고 합리성의 외양을 갖춥니다. 그러나 여전히 신앙은 신앙입니다. 도시의 한복판에 있던 교회가 각 가정으로, 각 개인의 마음으로 들어간 것뿐이지요.

　이런 점에서도 상품 물신주의를 지칭하고자 마르크스가 '판타스마고리아'라는 말을 선택한 것은 절묘합니다. '판타스마고리아'에 들어 있는 말, '판타스마'(phantasma)는 '환영' 내지 '환상'으로 옮길 수 있는 그리스어로 고대 그리스에서는

'유령'을 뜻하기도 했으니까요.[44]

상품과 관련해 종교는 단순한 비유 그 이상입니다. 마르크스가 종교를 참조한 것은 둘 사이의 겉보기 유사성 때문이 아닙니다. 오히려 겉보기에는 둘이 전혀 다릅니다. 마르크스에 따르면 상품은 '그냥 보면' 평범한 물건입니다. 그런데 '분석을 해보면' 그것의 신학적 면모가 드러납니다. 우리는 상품을 분석했을 때에야 거기에 신학적인 무언가가 있다는 것을 알게 됩니다("신학적 변덕으로 가득 찬, 매우 기묘한 물건"[김, 91]). 이 신학적 무언가는 상품 바깥에서 개입하는 것이 아니라 상품 안에 있는, 상품의 내적 규정입니다.

제1절에서도 그랬습니다. 마르크스는 상품의 '가치'를 설명하면서 말했지요. 상품으로부터 우리가 눈으로 볼 수 있는 것, 즉 감각 가능한 모든 성질들을 제거했을 때 '남는 것'이 있다고. 이 '남는 것'을 볼 수 있다면 우리는 '가치'를 보는 겁니다. 물론 감각하는 눈으로 그것을 볼 수는 없습니다. 분석을 통해, 사유를 통해 보는 겁니다. 상품 A의 가치가 표현된 상품 B에서 우리가 분석을 통해 보는 것은 물리적 속성이 아닙니다. 상품 B의 몸을 빌려 나타난 것은 상품 A의 '가치'이지요("유령적 대상성").

그런데 제1절에서 상품의 '가치'를 설명하는 데 사용한 '유령'(Gespenst)이라는 말이 제4절에서 상품 물신주의를 설명하며 사용한 '판타스마고리아'라는 말에 실려 재등장한 겁니다. 이는 물신주의의 환영이 상품 소유자나 소비자의 주관

적 착각에서 비롯된 것이 아님을 말해줍니다. '춤추는 책상'
은 내가 잘못 본 것이 아닙니다. 이 점에서 상품 물신주의를
상품의 소유나 사용에서 나타난 애착 같은 것으로 봐선 안 됩
니다. 상품 소비사회에 대한 문화적 비평에서 흔히 보는 그런
문제가 아니라는 겁니다.

상품 물신주의는 소비자의 문제이기 이전에 상품 자체
의 문제입니다. 상품의 규정 자체에서 나오는 것이니까요. 우
리는 도심의 자투리 땅이 아파트 두 채로 보이는 것을 멈출 수
가 없습니다. 그 아파트가 거주공간이 아니라 몇 억짜리 돈으
로 보이는 것을 멈출 수가 없습니다. 이런 게 단순히 누군가
의 속임수라거나 주관적 공상이라면 과학을 통해 바로잡을
수 있습니다. 하지만 마르크스가 분명히 말하듯 과학으로는
상품 물신주의를 없앨 수 없습니다. 그는 "노동의 사회적 성
격이 대상적으로 나타나는 가상[대상적 가상, gegenstandlichen
Schein]을 결코 몰아낼 수 없다"라고 했지요.[김, 96] 설령 상
품의 가치가 실제로는 그것을 생산하는 데 지출한 인간노동
의 물적 표현일 뿐이라는 점을 알아냈다 하더라도 그런 가상
이 사라지지는 않는다는 이야기입니다.

물에 넣은 젓가락이 구부러져 '보이는' 이유를 알고 난
후에도 물속의 젓가락은 우리 눈에 여전히 구부러져 보입니
다. 가을 하늘이 높아 보이는 이유를 알고 난 후에도 가을 하
늘은 여전히 높아 보이지요. 물리적 환경에 변화가 없는 한 말
입니다. 사회적 환영도 마찬가지입니다. 과학이 말해주는 것

은 왜 현실이 그렇게 우리에게 나타날 수밖에 없는가입니다. 거듭 말하지만, "물신주의는 주관적 현상도, 현실에 대한 그릇된 지각도 아"닙니다. 이것을 없애려면 이것을 낳는 "사회적 관계를 제거"해야 합니다.[45] 한마디로 상품사회, 자본주의 생산양식이 지배하는 사회를 극복해야 합니다.

○ 자본주의는 역사적으로 특정한 생산양식일 뿐

『자본』제1장의 마지막 부분에서 마르크스는 상품의 신비한 성격, 즉 상품 물신주의가 자본주의 생산양식이 지배하는 사회에 '고유한' 것임을 다시 한 번 힘주어 강조합니다. 물신주의만이 아닙니다. 정치경제학의 여러 범주들이 "역사적으로 규정된 일정한 사회적 생산양식"으로서 자본주의를 전제하고 있습니다.[김, 99] "현실의 사회적 관계를 반영하는 한에서는" 정치경제학의 진술이 객관적 사유라고 말할 수 있을지도 모르지만, 그럼에도 이런 사회적 관계가 역사적으로 특정한 것임에 유의해야 합니다.

마르크스는 이 부분을 프랑스어판 서문(1872)에서 이렇게 적었습니다. "부르주아 경제학의 범주들은 현실의 사회적 관계를 반영하는 한에서 객관적 진리를 가진 사고형태이지만, 이들 사회적 관계는…… 특정한 역사시대에만 속한다."[김, 99, 역주] 그런데 곧이어 쓴 제2독일어판에서 '객관적 진리를 가진 사고형태'라는 표현을 '객관적 사고형태'라는 말로 바꾸었습니다. '진리'라는 말이 행여 초역사적 냄새를 풍

길까 우려했던 것이지요. 그만큼 마르크스는 과학의 역사성을 강조했고, 그 이전에 그 과학이 다루는 현실의 역사성을 강조했습니다(이 시리즈의 1권에서 말한 '과학의 역사성'을 환기해주세요).

『자본』제1장을 열면서 나는 첫 문장을 꽤나 길게 분석했습니다. "자본주의 생산양식이 지배하는 사회"라는 첫 구절을 특히 강조했고요. 이 구절은 '자본주의 생산양식이 지배하는 사회'가 역사적으로 특정한 사회라는 함의를 갖습니다. 그래서 『자본』의 이후 논의는 역사적으로 특정한 생산양식을 전제하고 전개되며, 다른 생산양식이 지배하는 사회에서는 전혀 다를 것임을 암시합니다. 그런데 마르크스가 제1장을 마치면서 다시 자본주의 생산양식의 역사성을 강조하는 것이 인상적입니다. 그만큼 중요하다는 거겠죠.

자본주의의 역사성에 대한 강조는 최소한 두 가지 효과를 갖습니다. 하나는 자본주의가 자연적 체제, 인간본성에 부합하는 체제라거나 자본주의가 가장 발전된 형태로서 영원할 것이라는 주장을 기각하게 해줍니다. 그리고 또 하나는 우리에게 다른 사회형태와 다른 생산양식의 사회가 가능하다는 생각을 갖게 합니다. 즉 자본주의를 역사의 '이행' 속에서 바라보게 하죠. 과거적 기원에서도, 현재적 영원성에서도, 미래적 목적에서도 자본주의를 몰아내는 겁니다.

물신주의 논의를 정리하면서 마르크스는 이제까지 이야기한, 상품을 둘러싼 모든 신비들은 "우리가 다른 생산형태로 이행하자마자 곧 사라져버린다"라고 말합니다.[김, 99] 그러면서 비자본주의 생산양식에서는 이런 신비가 존재할 수 없는 이유를 설명합니다.

첫 번째로 든 예는 로빈슨 크루소입니다.[김, 99] 교환이 없는 자급자족적 생산의 예인데요. 사실 로빈슨 크루소 같은 이야기는 정치경제학자들이 아주 좋아합니다. 자급자족하는 인간을 좋아한다는 게 아니고요. 문명의 영향이 차단된 어떤 자연적 인간을 상상하기 좋아한다는 말입니다. 물리학에 빗대어 말하자면 일종의 사회적·문화적 진공상태를 가정하는 거죠. 그러면 자본주의적 삶이 역사와 상관없이 인간본성에서 나오는 것처럼 묘사할 수가 있으니까요.

대개 이런 식입니다. 우리는 삶에 필요한 모든 것을 조달할 수가 없다, 그래서 자신의 소질이나 환경에 따라 특정한 재화를 만들 수밖에 없고(일종의 자연분업이죠), 나머지 재화들은 교환을 통해 충당할 수밖에 없을 것이다, 그런데 교환을 하다 보면 이러저런 불편을 겪는데, 이를테면 '욕구의 우연적 이중일치' 문제 같은 게 생긴다, 나는 어부로서 물고기를 가지고 있고 사냥꾼으로부터 사슴가죽을 얻고 싶은데 문제는 그 사냥꾼이 물고기를 원할 것이냐, 둘의 욕구가 우연히 맞아떨어지기란 대단한 행운이 아니면 쉽지 않을 것이다, 그래서 누구에게나 필요한 보편적 재화(쌀 같은 것 말입니다)를 필요할 때마다 모아 교환의 일반적 등가물로 쓰려고 한다, 바로 이것이 화폐의 기원이다……. 경제학 교재에 흔히 나오는 화폐의 기원에 대한 설명입니다.

자본주의사회를 살아가는 우리 생각에는 아주 그럴듯한 전개이지만 역사적으로나 인류학적으로나 이런 전개를 확인하기는 쉽지 않습니다. 오히려 반례가 더 많지요. 이에 대해서는 우리 시리즈의 다음 권에서 더 자세히 언급하겠습니다만, 이른바 원시사회나 고대사회에서는 개인들이 생존을 위해 자유롭게 돌아다니는 경우가 별로 없습니다. 마르크스도 제1장 끝부분에서 슬쩍 언급하는데요, 이런 상업적 교환은 공동체 안에서는 거의 생겨나지 않고 공동체와 공동체 사이에서, 부족과 부족 사이에서, 그러니까 개인이 아니라 집단적으로 이루어집니다.[김, 103] 생존을 고민하는 단위가 개인이 아니라는 이야기죠.

이렇게 본다면 스미스나 리카도가 재화를 교환하는 자연적 인간을 가정할 때 그들은 사실 당대의 자본주의적 심성을 가진 인간을 원시적 환경에 던져놓은 것뿐입니다. 몸을 가리려고 나뭇잎을 의복처럼 둘렀을지언정 그 심성은 자본주의적인 사람들이라는 말입니다. 마르크스는 로빈슨 크루소식 이야기를 펼치는 리카도에게 이렇게 말하고 있습니다. "리카도는 원시적 어부와 원시적 사냥꾼을 상품 소유자로 만들고, 물고기와 짐승을 그들의 교환가치에 대상화되어 있는 노동시간에 따라 교환되게 한다. 이때 그는 원시적 어부와 원시적 사냥꾼이 1817년 런던 증권거래소에서 통용되고 있는 연금계산표에 의거해 자기들의 노동도구의 가치를 계산한다는 시대착

오에 빠지고 있다."[김, 99, 각주 31]

자꾸 이야기가 옆길로 빠져나가네요. 로빈슨 이야기로 복귀하겠습니다. 왜 로빈슨은 자본주의가 자연적·본성적·필연적 사회형태라는 점을 증명하지 않고 그 반대를 증명하는가. 왜 여기에는 상품의 신비한 성격이 존재하지 않는가.

로빈슨의 생산활동을 살펴볼까요. 아무리 검소하다 해도 그의 생활에는 꽤 많은 것이 필요합니다. 그는 수렵·어로·경작 등의 활동을 위해 도구를 만들어야 할 겁니다. 사냥꾼, 어부, 농사꾼만으로는 안 됩니다. 그는 목수도 되어야 합니다. 가구를 제작해야겠지요. 도구 제작만 하는 게 아닙니다. 실제로 가축을 잡아 길들이고 물고기를 잡아 요리해야 하며 작물을 심고 길러야 합니다. 온갖 종류의 유용노동이 필요하겠지요. 그는 질적으로 다른 다양한 노동들을 수행하지만 모두가 동일한 주체, 즉 자신이 행한 활동의 여러 형태라는 것을 압니다. 그래서 어떤 일에 어느 정도의 시간을 할애해야 하는지, 어느 정도의 수고가 드는지 계산하고 배분할 수 있습니다. 각 생산물을 얻는 데 필요한 평균적 노동시간을 계산할 수도 있고요. 한 인간이 모든 활동을 수행한다는 점만 빼면 자본주의에서 이뤄지는 노동과 언뜻 비슷해 보입니다. 그러나 여기에는 신비한 무언가가 생겨날 여지가 없습니다. 생산자가 생산물과 맺는 관계가 직접적이고 간단해서 복잡할 게 없습니다. 낮에 잡은 물고기와 저녁에 요리한 감자볶음의 관계가 로빈슨이라는 생산자를 대신할 이유도 없지요.

두 번째 예는 중세 유럽의 농촌입니다.[김, 100] 여기는 어떨까요. 로빈슨은 혼자였으니까 물신주의가 끼어들 여지가 없었고, 애초에 교환이라는 것 자체가 없었습니다. 그렇다면 중세 유럽에서는 이게 가능할까요. 농노와 영주, 가신과 제후, 속인과 성직자 등의 인격적 예속관계가 존재하는 경우죠. 앞서 말한 바 있는 신분제 사회라고 할 수 있습니다. 여기서는 노동생산물이 어떤 신비한 성격을 가질 수 있을까요?

중세 유럽에서 농노들은 영주를 위해 노동도 해야 하고 노동생산물도 바쳐야 합니다. 농노의 노동은 '부역'(Naturaldienste) 형태로 지불되고, 생산물은 '공납'(Naturalleistungen) 형태로 지불됩니다. 이때 노동은 추상노동이 아니고 생산물은 상품이 아닙니다. 여기서는 "노동의 특수하고 자연적인 형태가 직접적으로 사회적 형태"가 되는 거죠. 농노는 영주의 밭에 가서 직접 노동해야 합니다. 여기서도 지출된 노동량을 시간으로 잴 수 있습니다. 이를테면 하루 중 '한나절'은 영주의 밭에서 일해야 한다는 식으로요. 하지만 신비한 것은 아무것도 없습니다. 농노는 영주를 위해 자신이 얼마만큼을 지불하고 있는지, 달리 말하면 얼마만큼을 착취당하는지 정확히 아니까요. 내 밭이 아니라 영주 밭에서 일하는 시간만큼이죠. 물건들의 '관계'로 이런 게 위장되지 않습니다.

세 번째 예는 공동체나 부족, 고대국가들에서 볼 수 있는 집단노동의 경우입니다.[김, 101] 로빈슨은 혼자 해결했지만 이 경우는 부족 전체가 그렇게 생산하고 소비한다고 생각하면 됩니다. 결론적으로 이 경우에도 노동생산물에선 '신비한 성격'이 발생하지 않습니다. 구성원들이 서로 다른 노동들을 통해 다양한 생산물을 만들어냅니다만 이 생산물들은 상품들로 기능하지 않습니다. 노동시간의 배분이나 노동생산물의 배분은 구성원의 성과 연령 등을 고려하고, 계절 등 자연조건의 변동을 고려하면서 이루어집니다. 시장에서 상품교환이라는 형태로 이루어지는 게 아니라는 말입니다. 실제로 고대 페르시아 제국에는 시장이 없었다고 합니다. 그 대신 거대한 창고가 있었지요. 여기서 공동의 생산물을 나름의 규칙에 따라 배급했다고 하는데요. 이런 곳에서는 상품도, 추상노동도, 상품 물신주의도 존재하지 않습니다.

◦ 자유로운 개인들의 연합—"기분전환을 위해"

네 번째 예는 조금 특별합니다. 비자본주의 생산양식 중 지금껏 역사적으로 존재하지 않은 형태에 대한 것인데요. 마르크스는 이 사회형태를 언급하며 "기분전환을 위해"(zur Abwechslung)라는 말을 덧붙였습니다. 자본주의 생산양식은 물론이고 비자본주의 생산양식의 예로 든 세 가지 사회형태도 썩 좋은 사회 형태라고는 할 수 없었죠. 자본주의와는 다른 사회형태에 살고 싶다고 해서 신분제 사회에 살고 싶다는 뜻은 아닐 테니까요. 그런데 이 네 번째 사례에는 마르크스의 소망이 담겼다고 할 수 있습니다. 그는 이 사회형태의 이름을 일단 '자유로운 개인들의 연합'(Verein freier Menschen)이라고 붙

였습니다.[김, 102]

　　마르크스는 "여기서는 로빈슨 크루소적인 노동의 모든 특징들이 다시 나타"난다고 말합니다. 아침부터 저녁까지 로빈슨이 수행한 개별 노동들이 하루 총노동을 이루듯 개인들의 노동은 총노동의 부분을 이룹니다. 개인이 생산에 지출한 노동시간은 시장의 교환을 통해 사회적으로 인정받는 시간이 아닙니다. 그가 직접 노동한 시간이 그대로 총노동시간의 부분이 됩니다. 자본주의 생산양식 아래서는 어느 노동자가 어떤 물건을 생산하는 데 열 시간이 걸렸는데 다른 노동자들이 다섯 시간밖에 걸리지 않았다면 열 시간을 일했어도 열 시간을 다 인정받을 수 없습니다. 그러나 이 새로운 사회형태에서는 그렇지 않습니다. 로빈슨의 경우와 마찬가지로 개별 노동이 그대로 전체 노동의 부분이 됩니다. 여기서는 몇 시간 일했는지 증명하는 증명서를 발급받아요. 계산이 명확합니다. 신비한 게 없습니다.

　　로빈슨의 경우와 차이가 있다면 노동생산물을 혼자 생산한 게 아니라는 점이지요. 이 새로운 사회형태에서는 총생산물이 '개인적 생산물'이 아니라 '사회적 생산물'입니다. 이 점에서 보면 세 번째 경우, 즉 공동체나 부족 혹은 고대국가들의 경우와 닮은 점이 있습니다. 전체 생산물 중 다음 생산을 준비하기 위해 비축해야 하는 부분을 제외하고 모든 구성원들이 함께 소비한다는 점도 같습니다. 하지만 여기에는 '자유로운 개인들'이 없지요. 전체적으로 가부장제적·신분제적 요소가 강하고(그러므로 분배가 서열과 신분에 따라 차등적이겠지요), 그렇지 않더라도 전체가 단일한 유기체처럼 되어 개인들이 자유로울 수가 없습니다. 노동은 사회적으로 조직되지만 '자유로운 개인들의 연합'이라 할 수가 없습니다.

　그렇다면 자유로운 개인들의 연합에서는 생산물들을 어떻게 분배할까요. 마르크스는 "분배방식은 사회적 생산조직의 특성에 따라, 그리고 생산자들의 역사적 발전 수준에 따라 변할 것"이라고 했습니다.[김, 102] 그러면서 일단은 각자 노동에 참여한 시간에 따라 분배하는 것을 가정합니다. 마르크스에 따르면 여기서 노동시간은 이중의 기능을 수행하는데요. 하나는 이 연합 내의 다양한 필요를 충족하기 위한 작업량 비율을 설정하고 계획하는 계산 단위가 되겠지요. 그리고 다른 하나는 각 개인에게 분배할 몫을 정할 기준이 됩니다. 총생산물 중 사회 전체적으로 공제해야 할 부분을 제외하고는 직접 노동한 시간에 따라 생산물을 분배한다는 겁니다. 그러면 생산만이 아니라 분배도 아주 "단순하고 투명"해진다고 했습니다.[김, 102]

　『자본』에서는 '자유로운 개인들의 연합'에 관한 이야기가 이렇게 '기분전환' 수준에서 끝납니다. 마르크스의 말처럼 여기서는 상품 물신주의가 생겨날 여지가 없어 보입니다. 각 사람의 노동시간을 알 수 있으니 전체 노동시간에 대한 비율만큼 생산물을 나누면 되겠지요. 이것은 자본주의사회 생산자들의 '무지 속 행동'과 대비됩니다. 자본주의사회에서 생산자들은 자신들이 알지도 못하고 통제할 수도 없는 메커니즘의 지배를 받지요. 예수가 자신을 십자가에 못 박은 무지한 백성들을 용서해달라며 신께 기도했던 말 그대로입니다. 마르크스는 똑같은 말을 자본주의사회 생산자들에게 합니다. "저들은 자신이 행한 것을 알지 못하나이다"(Sie wissen das nicht, aber sie tun es).[김, 96]

하지만 자유로운 개인들의 연합에서는 사회적인 것과 관계할 때 신비한 우회로를 필요로 하지 않습니다. 다른 상품, 더 나아가 화폐 같은 매개를 필요로 하지 않습니다. 총노동과 개별노동의 관계가 직접적입니다. 전체 노동시간은 개별 노동시간의 산술적 합이고, 개별 노동시간은 전체 노동시간의 산술적 부분입니다. 해당 노동량을 입증하는 증서를 가지고 소비수단의 저장소에 가서 그 노동량에 해당하는 노동생산물을 가져오면 됩니다. 매개적이고 무지하며 신비한 사회성은 직접적이고 의식적이며 계획적인 사회성으로 바뀝니다.

마르크스는 이렇게 되면 상품 물신주의가 사라질 것이라고 봤습니다. 아니, 물신주의 일반이 사라지리라 본 것 같기도 합니다. 물신주의를 염두에 두어선지 그는 '투명성'을 지나치다 싶을 만큼 강조합니다. 현실세계에 대한 종교적 반영은 "인간과 인간 사이, 인간과 자연 사이의 일상생활의 실질적 관계가 완전히 투명하고 이성적인 관계로 나타날 때" 사라질 것이고, "사회적 삶의 과정, 즉 물질적 생산과정의 형태는 자유로운 그리고 사회화된 인간(frei vergesellschafteter Menschen)

들이 의식적이고 계획적인 통제 아래서 생산할 때 그 신비한 베일을 벗을 것"이라고 합니다.[김, 103]

◦ 두 가지 의문

'자유로운 개인들의 연합'은 상품 물신주의가 자본주의라는 역사적 사회형태에 고유한 것임을 지적하려고, 그리고 우리에게는 다른 생산양식, 다른 사회형태가 가능하다는 것을 말하려고 스치듯 가볍게 꺼낸 이야기였습니다. 전체 내용이 한 쪽 정도밖에 안 됩니다. 그럼에도 그냥 넘어가기에는 뭔가 찜찜함이 남습니다. 물론 『자본』의 목적이 '자유로운 개인들의 연합'에 대한 구상을 밝히는 데 있는 건 아닙니다. 그래도 일단 이야기를 꺼내놓은 이상 궁금증이 생깁니다. 이 논의와 관련해 나는 두 가지를 언급해두고자 합니다.

하나는 '자유로운 개인들의 연합'에서도 어떤 '척도'에 따라 노동량을 정하고 생산물을 분배한다는 점입니다. 가치 계산이 투명해졌는지는 모르겠지만(해당 척도로 노동량을 정확히 잴 수 있는지도 따져볼 대목은 있습니다만), 마르크스가 언급한 이 새로운 사회형태에서도 생산활동을 하나의 잣대로 재단하고 그에 따라 분배를 하는 것 같습니다. '자유로운 개인들'이라는 말에 밴 뉘앙스와 달리 사회적으로 할당된 노동을 획일적 기준에 따라 수행하는 건 아닐까 의심도 들고요. 마치 국가가 시민들을 모두 노동자로 고용해 일한 만큼 급료를 지불하는 것처럼 보이기도 해요. 그렇다면 '자유로운 개인들의 연합'이란 그저 양적 착취가 없는 노동사회인 것일까요?

우리는 1872년에 나온 『자본』의 제2독일어판에 실린 내용을 가지고 이야기하고 있습니다만, 1875년에 쓴 「고타강령 비판」Kritik des Gothaer Programms이라는 텍스트에는 조금 더 상세한 내용이 들어 있습니다. 이 글은 1875년 5월, 고타에서 열린 '사회민주주의노동자당'과 '독일사회주의노동자당'의 통합 전당대회를 위해 만들어진 강령의 초안에 대해 마르크스가 신랄하게 비판을 가한 글인데요.

이 글에서 마르크스는 '자유로운 개인들의 연합'에서 이루어지는 생산과 분배 문제를 이야기합니다. 그리고 '자유로운 개인들의 연합'이라는 말 대신 '공산주의'라는 말을 쓰고 있습니다.[46] 그런데 마르크스는 방금 살펴본 것과 비슷한 내용을 언급한 뒤 "이 같은 진보에도 불구하고 그 평등한 권리에는 아직도 부르주아적 제한이 들러붙어 있다"라고 말합니다. 또한 그는 여기서 말하는 공산주의사회가 "자기 기초에서 발전한 그런 공산주의사회가 아니라 자본주의사회에서 생겨난 공산주의사회"이며 "그 모태인 낡은 사회의 태반이 모든 면에서, 즉 경제적·윤리적·정신적으로 아직도 들러붙어 있는" 그런 사회임을 고려해야 한다고도 했습니다.[47]

마르크스가 말한 '부르주아적 제한'이란 이런 겁니다. 생산자의 권리를 그가 제공한 노동량에 비례하게 한다는 것, 노동을 평등의 척도로 삼는다는 것. 확실히 자본주의사회에서도 종종 나오는 이야기죠. 일한 만큼 받아가라는 것 말입니다.

물론 정말로 일한 만큼 주지는 않지만요. 어떻든 공산주의사회라면서도 생산자의 권리가 노동량과 비례하는 것은 좀 찝찝합니다. 마르크스는 이것이 부르주아사회, 자본주의사회에서 생겨나는 공산주의가 갖는 과거의 잔재라고 말하는 것 같습니다. 하늘에서 떨어진 공산주의가 아니라 자본주의에서 이행한 공산주의라고요.

마르크스는 척도의 문제도 인정합니다. 노동시간만 가지고 노동량을 정확히 잴 수는 없습니다. 노동강도의 문제도 있을 것이고 개인마다 소질 등이 다를 테니까요. 평등이라는 이름으로 이런 것들을 획일적 척도로 재버리면 평등이 실상은 불평등이 되고 맙니다.

게다가 노동사회의 문제가 남습니다. 마르크스는 다양한 개인들을 하나의 관점, 무엇보다 노동이라는 관점에서만 보면 사람들을 한 사람의 '노동자로서만' 간주하게 된다고 했습니다. 다른 면모를 보지 않게 되지요. 개인을 노동자로서만 파악하고, 그가 결혼을 했는지 하지 않았는지, 그에게 자식은 얼마나 있는지, 그는 어떤 스타일의 삶을 사는지에 대해서는 전혀 고려를 하지 않지요.

이런 언급들을 보면 마르크스가 '기분전환을 위해' 『자본』에서 짧게 기술한 내용이 '자유로운 개인들의 연합'의 참모습이라고 볼 수는 없을 것 같습니다. 그는 말합니다. "이런 폐단은, 오랜 산고 끝에 자본주의사회로부터 방금 생겨난 공산주의사회의 첫 번째 단계에서는 불가피한 것"이라고요. 그러면서 공산주의가 더 높은 단계로 나아가면 달라야 한다고 말하지요. 개인들이 사회적으로 할당된 분업에 종속되는 그런 예속에서 벗어난 뒤, 그리고 정신노동과 육체노동의 대립이 사라진 뒤, 노동을 생활수단을 얻기 위해서만이 아니라 그 자체로 일차적 삶의 욕구가 된 뒤에[노동이 먹고사는 문제가 아니라 자기 발전을 위한 훈련이자 능력의 개발이 되는 활동이 된 뒤에], 개인들의 전면적 발전과 더불어 생산력이 성장하고[개인의 다면적 발전이 그 자체로 사회적 생산력이 될 때] 조합적 부가 풍요롭게 넘쳐날 때, 그때 비로소 부르주아적 권리의 편협한 한계에서 벗어날 것이라고 했습니다. 그러면서 다음과 같은 유명한 문구를 공산주의사회의 표어로 제시하지요. "각자는 능력에 따라, 각자에게는 필요에 따라!"[48] 저마다 능력껏 일하고 자기 삶에 필요한 만큼을 가져가는 사회가 '자유로운 개인들의 연합'이라는 것입니다.

'자유로운 개인들의 연합'에 대한 첫 번째 의문이 노동사회에 대한 것이었다면 두 번째 의문은 탈주술사회에 대한 것입니다. 첫 번째 의문에 대한 이야기가 너무 길어졌기에 두 번째 의문은 간단히 언급할게요. 상품의 신비한 성격, 즉 물신주의에 대한 비판 때문인지 마르크스는 '자유로운 개인들의 연합'을 아주 '투명한'(durchsichtig) 사회로 그리고 있다고 앞서 나는 말했습니다. 사물들로부터 환영적 성격, 주술적 성격을 완전히 몰아내려 했지요. 그는 "인간과 인간 사이, 그리고 인간과 자연 사이의 일생생활의 실질적 관계가 완전히 투명하고 이해할 수 있는 형태"로 나타나는 사회를 그립니다. 그러면서 '자유로운 개인들의 연합'에서는 "신비의 베일이 벗겨"질 것이라고 했습니다.

하지만 투명한 사회가 좋은 사회일까요? 나는 투명사회에 대한 열망이 전체주의적 권력의 욕망이라는 생각을 할 때가 많습니다. 사람들을 옭아매는 온갖 신화가 넘쳐나고 베일 뒤의 협잡과 음모가 판치는 사회에서 살아왔던 우리는 꽤 오랫동안 투명사회를 민주주의의 지향처럼 생각해왔습니다. 하지만 요즘 나는 세상의 모든 사람과 모든 일을 완벽하게 파악하려는 열망은 완전한 지배라는 권력의 꿈과 연결되어 있지 않나 하는 생각을 합니다.

꼭 정치적 문제가 아니더라도, 사물들에 아무런 신비도 없는 사회가 좋은 사회인지 모르겠습니다. 사물들로부터 베일을 걷어낸다고 할 때 우리에게 나타나는 것은 무엇일까요. 교환가치가 사라지고 사용가치만이 남게 될까요. 사물의 사용가치가 사물의 참모습일까요. 사물의 사용가치는 투명한 것일까요.

사실 마르크스가 노동생산물과 관련해 아무런 신비도 없다고 말했던, 비자본주의 생산양식이 지배하는 사회에서도, 사물들이 사람들에게 아무런 신비함도 없이, 그저 투명하게 나타나는 것은 아닙니다. 사물에 대한 태도가 미신과 과학, 주술과 이성으로 명쾌하게 나뉠 수 있는지, 또 그런 것이 바람직한지 생각해볼 필요가 있습니다. '자유로운 개인들의 연합'에서 상품 물신주의, 즉 상품에 깃든 유령으로서 '가치'는 사라지겠지만, 그것이 '탈주술적 이성사회'라는 이상을 구현하는 사회여야 하는지는 잘 모르겠습니다.

나는 이런 생각을 해봅니다. 유령의 자본주의적 형태가 있다면 공산주의적 형태도 있을 수 있지 않을까. 혁명의 대상이 아니라 혁명의 동반자 유령도 있을 수 있지 않을까. 사물에 대한 죽은 이미지를 가진 유물론이 아니라 "사물을 살아 있게 만드는 방법"을 아는 유물론, 앤디 메리필드(A. Merrifield)의 책 제목을 빌리자면 '마술적 마르크스주의' 같은 것도 있지 않을까,[49] 이런 생각들 말입니다(나는 부록에 마르크스의 '외투' 이야기를 적어두었는데요, 그가 교환가치 즉 돈을 얻기 위해 뻔질나게 전당포에 맡겼던 외투의 사용가치가 체온 유지만은 아니었다는 것을 알 수 있을 겁니다. 외투는 체온 말고도 유령 같은 무언가를 지켜줍니다. 그리고 그것이 우리에게 무언가를 불러일으킵니다).

○ 자기 시대를 비판할 수 있을 때 비로소 역사가 보인다

'자유로운 개인들의 연합'이라는 말이 주는 영감 때문에 이야기가 옆길로 샜습니다. 사실 내게는 '자유로운 개인들의 연합'이라는 말보다 '기분전환을 위해'라는 말이 더 인상적이었답니다. 이 표현을 처음 보았을 때 난 웃음을 터뜨렸어요. 말 자체만으로도 기분이 좋아졌다고 할까요. 무슨 이런 책, 이런 글쓰기가 있을까 싶었습니다. 책 중간에 돌출한 '기분전환'!

사실 이건 완전히 당파적인 선물입니다. '기분전환을 위

해'라는 말은 그 전에 이루어진 논의가 기분을 침울하게 만들었다는 뜻이기도 하잖아요. 자본주의사회의 부와 상품, 가치, 물신주의에 기분이 침울해진 사람들, 그래서 '자유로운 개인들의 연합'에 대한 이야기로 잠시나마 기분전환이 될 수 있는 사람들은 누구일까요. 부르주아지에게 기분전환이 되지는 않겠죠. 그러니까 이 단락은 자신의 독자이면서 동지인 사람들, 그러니까 노동자들, 프롤레타리아트에 대한 저자의 작은 배려이자 선물인 셈입니다.

원래 '자유로운 개인들의 연합'을 포함해 위의 네 가지 사례는 모두 자본주의 생산양식이 지배하지 않는 사회형태로 제시된 것입니다. 이는 자본주의가 역사적으로 매우 특수한 사회형태이며, 상품 물신주의, 아니 그 이전에 상품이라는 것 자체가 이런 역사적 형태에 고유한 것임을 보여줍니다. 자본주의를 다루려면 자본주의에 낯설어져야 합니다. 자본주의가 독특한 것으로 이해되었을 때 자본주의가 제대로 이해된 것입니다.

그런데 정치경제학자들은 정반대입니다. 자본주의 생산양식에 너무 익숙한 나머지 역사의 모든 사회형태, 모든 생산양식을 자본주의적인 눈으로 바라보지요. 그래서 그들은 자본주의에 대해서도 제대로 이해하지 못합니다. 왜 자본주의에서는 부가 상품의 형태로 나타나는지에 관심이 없습니다. 왜 가치가 이런 형태가 아니라 저런 형태로 나타나는지에 신경을 쓰지 않습니다. 형태 자체에 무관심하죠. 그 형태가 역사적으로 특수한 것임을 모르기 때문입니다.

마르크스는 상품에 관한 장을 마치면서 이 점을 지적하는 긴 주석들을 달았습니다. 한 주석에서 그는 정치경제학자들이 가치형태에 무관심한 이유는 "부르주아적 생산양식을 사회적 생산의 영원한 자연형태라고 잘못 보기" 때문이라고 했습니다.[김, 105, 각주 34] 자본주의 생산양식은 그들에게 자연적이고 영원한 것이므로 개개의 형태들에 굳이 관심을 두지 않은 것이죠.

마르크스는 정치경제학자들의 몰역사적 태도를 역사적 종교 형태에 무지한 기독교 신학자들에 비유했는데요.[김, 106, 각주 35] 경제학자들은 사회제도를 인위적인 것과 자연적인 것으로 나누고, 이를테면 봉건주의는 인위적 제도인 반면 자본주의는 자연적 제도라고 말합니다. 자본주의가 인간본성에 가장 부합한다는 뜻이겠지요. 그런데 마르크스가 보기에 이것은 "자신의 종교가 아닌 종교는 모두 인간이 발명해낸 것이고, 자기 자신의 종교는 신의 계시"라고 생각하는 신학자와 같습니다.

자본주의 생산양식을 인류 역사의 '목적'으로 간주하는 사고도 마찬가지입니다. 이 경우는 인위적인 것과 자연적인 것의 이분법은 없으나 자본주의를 이전의 상이한 생산양식들과 사회형태들의 목적으로 간주하는 것인데요. 이런 태도는 자본주의가 충분히 발전하지 못한 미개사회에서 충분히 발전한 성숙한 사회로 이행하는 것으로 역사 전체를 단순화합니다. 각각의 생산양식, 각각의 사회형태가 갖는 독특함을 무시합니다. 역사상 존재했던 다양한 사회들에 대한 이해를 사실상 포기하는 일이지요.

이와 관련해 마르크스는 『정치경제학 비판 요강』「서설」에서 아주 중요한 말을 했습니다.[50] 역사적 발전에 대해 최후의 형태는 과거의 형태들을 자신에 이르는 단계로 파악하고 아주 제한적으로만 자신을 비판할 수 있기에 항상 "과거 형태들을 일면적으로만 파악"한다고요. 그러므로 과거의 형태들을 제대로 이해하려면 자기 시대, 즉 부르주아사회의 사회형태에 대한 철저한 비판, 충분한 비판이 이루어져야 합니다.

마르크스는 기독교 신학을 예로 들어 말했습니다. 기독교에 대한 자기비판이 어느 정도 진행된 뒤에야 비로소 과거 신화들에 대한 객관적 이해가 가능했다고요. 기독교를 다른 시대의 신화와는 다른, 신의 참된 계시에 근거한다고 우기는 사람들로서는 다른 시대, 다른 문화의 신화나 종교를 결코 이해할 수 없습니다. 마르크스는 정치경제학도 마찬가지라고 했습니다. "부르주아적 경제학도 부르주아사회의 자기비판이 개시되었을 때, 비로소 봉건적·고대적 및 동양적 사회에 대한 이해에 도달"한다고요.

자기 시대를 비판적으로, 다시 말해 자연적이고 영원하고 필연적인 것으로 보지 않을 수 있을 때, 자기 시대가 아주 독특하고 심지어 이상하게 보일 때, 그때 우리에게는 역사가 보이기 시작합니다. 다른 시대의 독특함도 이해가 되는 것이지요. 이 점에서 마르크스의 비판 작업은 자본주의 생산양식을 타도하고 극복하려는 시도이기 이전에 그것을 '이해하는' 일이라 할 수 있습니다. 또한 자본주의의 독특함을 드러내는 동시에 자본주의의 역사적 자리를 한정하고 자본주의의 자연성, 필연성, 영원성의 허구적 빛을 제거함으로써 다른 역사적 형태들도 고유의 빛을 낼 수 있게 도와주는 일이라고도 할 수 있을 겁니다. 정치경제학 비판이 역사유물론과 만나는 지점이 여기가 아닌가 생각합니다.

참고로 『자본』 제1장 마지막 구절은 마르크스가 셰익스피어의 희극 작품 『헛소동』*Much Ado About Nothing*의 한 대목에서 따온 것인데요. 휘황찬란한 화폐형태, 귀금속 같은 상품에 눈이 휘둥그레진 정치경제학자들의 물신주의가 한바탕 헛소동이라는 느낌을 줍니다. 너무 우습다는 거죠. 마르크스는 '가치'에 대한 부르주아 학자의 연구서를 셰익스피어의 희극처럼 만듭니다.

우선 상품이 인간처럼 말을 합니다. "사용가치? 그건 인간들의 관심사지 우리랑 아무런 상관도 없다고. 우리끼리 만날 때는 가치가 중요해. 우리는 교환가치로서만 다른 상품들을 사귀지." 정치경제학자들은 이런 상품의 심정을 복화술사처럼, 배우처럼 말합니다[마르크스는 베일리(S. Bailey) 등의 글을 직접 인용하죠]. "가치(교환가치)는 물건의 속성이고 부(사용가치)는 인간의 속성이다." "부(사용가치)는 인간의 속성이고 가치는 상품의 속성이다. 인간이나 사회는 부유하고, 진주나 다이아몬드는 가치 있는 물건이다. ······진주나 다이아몬드는 진주나 다이아몬드만큼 가치를 가진다."

하지만 "진주나 다이아몬드에서 교환가치를 발견한 화학자는 아직 한 사람도 없"습니다.[김, 108] 진주의 물리적 광채는 가치의 사회적 광채와는 다른 거니까요. 그런데 '예리한 통찰력'을 자랑하는 정치경제학자들이 방금 희극적으로 소개한 상품의 말과 같은 말을 하고 있습니다. 사용가치는 물건의 속성과 상관이 없고, 가치는 물건으로서 그 일부를 이루고 있다고요. '춤추는 책상'처럼 '말하는 진주'를 떠올려볼까요. "이 몸속에 가치가 있다고. 나는 원래부터 가치 있는 물건이라고!" 인간의 탈을 쓰고 사물들이 떠들어대는 무대를 떠올려보세요. '가치는 물건의 속성'이라고 말하는 정치경제학자는 혹시 인간의 탈을 쓰고 잘난 척하며 떠들어대는 진주가 아닐까요.

마르크스에게는 부르주아 정치경제학자의 말이 셰익스피어의 희극 『헛소동』에서 도그베리(Dogberry)가 경비병 시콜(Seacole)에게 한 말처럼 느껴졌던 모양입니다. 제1경비병이 도그베리에게 시콜을 경비병 리더로 추천합니다. 시콜이 '읽고 쓸 줄' 안다는 이유였지요. 그러자 도그베리가 시콜에게 말합니다. "좋은 외모는 운명의 선물이지만 읽고 쓰는 건 타고난다"(to be a well-favoured man is the gift of fortune; but to write and read comes by nature). 무슨 말이냐고요? 그저 횡설수설이죠. 웃기려고 하는 말입니다. 어쩌면 반대로 말하는 게 좀

나았을지도 모르겠습니다. "읽고 쓰는 것은 운명, 즉 좋은 환경에 달렸지만 외모는 타고난다." 마르크스가 볼 때 "사용가치는 사람에게 달렸지만 가치는 본래 내재한 것"이라는 정치경제학자의 말도 도그베리의 말과 별반 다를 게 없는 겁니다. 희극배우의 엉터리 대사죠.

어떻든 이렇게 상품과 가치에 대한 정치경제학의 헛소동, 횡설수설, 황당한 대사로 『자본』 제1편 제1장이 막을 내립니다.

부록노트

I──마르크스와 외투

『자본』을 탈고하자 마르크스는 엥겔스에게 곧바로 편지를 보냅니다. 엥겔스가 이 소식을 얼마나 간절히 기다리는지 알고 있었으니까요. "책이 완성되었다고 말할 수 있을 때까지는 자네한테 편지를 쓰지 않겠다고 결심했는데, 이제야 비로소 소식을 전할 수 있게 되었네."[51] 정말 기뻤을 겁니다. 그런데 마르크스에게는 편지를 써야 하는 사정이 하나 더 있었습니다. 전당포에 맡긴 외투[코트]를 찾는 것, 그러니까 『자본』 원고를 들고 함부르크의 출판업자를 찾아가려면 외투가 필요했습니다. 자신이 떠나 있는 동안 가족들의 생활비도 문제였고요. 엥겔스는 편지를 받자마자 곧바로 돈을 보냈습니다.

우리가 앞서 본문에서 확인했듯, 『자본』 제1장에서 '외투'는 그 소재인 '아마포'와 더불어 상품의 대명사 같은 존재인데요. 정작 『자본』을 집필하는 동안 마르크스의 외투는 자주 전당포에 맡겨져 있었습니다. 그래서 더 상품의 예를 들어야 할 때마다 마르크스가 외투를 떠올렸는지도 모르겠습니다. 1830년대 글래스고 지역 전당포에 맡긴 물건들 중 가장 많은 것이 외투였다는 걸 보면,[52] 19세기 외투의 교환가치는 꽤 높았던 모양입니다. 웬만한 부자가 아닌 한 여러 벌 갖고 있었던 것 같지도 않고요.

외투가 없어 원고를 들고 출판사에 갈 수 없다는 말에서 우리는 마르크스의 가난한 살림살이를 엿볼 수 있습니다. 가족이나 친척, 친구의 유산을 받아 사정이 잠시 나아질 때도 있었지만 보통은 가난했습니다. 런던으로 이주해 온 지 얼마 지나지 않은 1850년대에는 특히 그랬지요. 마르크스의 외투는 음식이나 생필품이 필요할 때마다 전당포로 갔습니다(아내 예니가 가져온 접시도 그랬고 집안 가구들도 그랬지요).

그런데 마르크스가 외투가 없어 나갈 수 없다고 한 건 쌀쌀한 날씨 때문만은 아니었습니다. 마르크스는 런던으로 이주한 후 런던박물관 열람실 이용권을 얻었는데요. 이때도 엥겔스에게 비슷한 편지를 보냅니다. 외투를 전당포에 맡겨 나갈 수가 없다고. 스탈리브라스(P. Stallybrass)에 따르면,[53] 런던박물관 열람실은 이용권이 있다고 아무나 들어갈 수 있는 곳이 아니었습니다. 외투가 없는 사람, 그러니까 누추해 보이는 사람은 들어가기 쉽지 않았다는 거죠.

얼마나 사실에 부합하는 이야기인지 모르겠지만, 외투가 없을 때 마르크스는 『뉴욕 데일리 트리뷴』 같은 신문에 글을 쓰거나 엥겔스에게 도움을 청했습니다. 그렇게 돈이 생기면 외투를 찾아와 도서관 열람실에 갔답니다. 도서관 열람실만이 아니었습니다. 종이가 떨어져 집필을 할 수 없을 때도 있었죠. 외투가 집에 있었다면 전당포로 갔을 테고, 외투가 전당포에 있었다면 집필을 잠시 멈춰야 했을 겁니다. 외투는 『자본』을 퇴고하고 출판사로 갈 때도 필요했지만 『자본』 집필을 위한 연구에도 필요했던 셈이죠. 『자본』에서 마르크스가 외투를 그토록 자주 언급한 것은 자기 처지에 대한 소소한 분풀이 였는지도 모르겠습니다.

하지만 외투를 상품의 예로 든 것이 전당포를 오가야 했던 처지 때문만은 아니었을 겁니다. 어쩌면 외투는 마르크스 가 상품의 가치에 대해 가진 이미지와 통했던 것은 아닐까요. '가치'를 상품의 물리적 신체를 감싸는 외투 같은 걸로 생각 했던 것은 아닐까요. 물론 감각적인 눈에는 보이지 않는 외투 지만요.

이런 추측을 그럴듯하게 만드는 것은 『루이 보나파르트 의 브뤼메르 18일』의 몇몇 구절입니다. 이 텍스트에서 외투 는 매우 중요한 상징입니다. 외투는 그것을 입고 있는 이를 다 른 존재로 '보이게' 합니다. 외면을 흉내 내는 거죠. 이 글의 주인공 루이 보나파르트는 삼촌인 나폴레옹의 이름과 문구, 의상을 빌려 옵니다. 삼촌'처럼' 보이고 싶었던 거죠. 그는 대 통령 선거에 당선된 직후부터 황제의 꿈을 꿉니다. 이를 마르 크스는 이렇게 묘사했습니다. "대의원들은 창밖으로 도망갔 고 황제의 외투가 보나파르트의 어깨 위에 걸쳐졌다. 이러다 가 마침내 날이 밝으면 유령들은 뿔뿔이 흩어지고 파리는 자 신이 또 한 번의 위험을 모면했다는 것을……전해 듣고 놀란 가슴을 쓸어내린다."[54] 마침내 황제 등극에 성공했을 때도 마 르크스는 외투 이야기를 꺼냅니다. "그는 트리어의 성의(聖 衣) 숭배를 파리의 나폴레옹의 황제 외투에 대한 숭배로 재현 하였다."[55]

조카를 삼촌으로 보이게 한 것, 일종의 착시인데요. 물론 마르크스는 이것이 삼촌을 희극적으로 반복한 것이라며 조롱합니다. 그런데 어떻든 황제의 외투를 입힌다는 것은 누군가를 왕으로 만드는 일입니다. 이는 『자본』 제1장에서 마르크스가 상대적 가치형태와 등가형태를 언급할 때 쓴 비유를 떠올려줍니다. 어떤 사람이 왕인 이유는 상대방에게 그가 왕으로 보이기 때문이라고 했던 부분 말입니다. 외투는 누군가를 어떤 존재로 보이게 합니다.

노동생산물이 상품이 되는 데는 이런 착시—물론 객관적이고 사회적인 착시입니다만—가 필요합니다. 그런데 이런 유령적 외투가 꼭 교환가치만을 가리킨다고 할 수 있을까요. 마르크스가 외투 없이 외출할 수 없었던 것, 런던박물관 열람실에 들어갈 수 없었던 데는 사회문화적 요인도 있었습니다. 신분이나 계급을 나타내는 거죠. 굳이 말하자면 넓은 의미의 사용가치라고 할 수 있는데요. 사용가치라는 게 '외투의 보온성'처럼 꼭 물리적 속성만을 가리키지는 않습니다.

상품에는 이데올로기적·사회문화적 가치도 있고 무엇보다 기억과 관련된 정서적 가치들이 있습니다.[56] 찰스 디킨스(Charles J. Dickens)는 어린 시절 아버지가 파산했을 때 파산절차가 진행되던 일을 떠올린 적이 있습니다. 파산절차에 들어가면 집에 있는 물건들의 가치가 책정되는데요. 어린 디킨스가 보기에는 모자와 재킷, 바지 등 별로 값나가는 게 없었습니다. 그런데 그때 자기 호주머니 안에서 할아버지의 시계가 돌아가고 있다는 걸 느끼고는 무척 고통스러웠다고 합니다. 단지 비싼 물건이어서가 아니겠죠. 시계는 할아버지에 대한 기억, 할아버지와의 감정적 유대를 품고 있는 물건입니다. 아마 전당포에서 물건을 평가할 때 이런 건 고려하지 않겠지요.

가난한 사람들은 전당포 앞에서 주저하며, 가격을 책정할 때도 무척 억울해하고 슬퍼합니다. 그 값만 받을 수는 없다는 거죠. 이게 어떤 외투인데, 이게 어떤 반지인데, 이게 어떤 접시인데…… 가난한 사람들은 물건을 넘기며 그 물건에 대한 추억도 넘긴다고 생각했을 겁니다.

"어제 외투를 전당포에 맡기면서, 글에 필요한 종이를 사기 위해 그렇게 해야 했던 리버풀의 시절로 돌아갔다네."[57] 1852년 마르크스가 엥겔스에게 보낸 편지의 한 구절입니다. 스탈리브라스는 이 구절을 인용하며, "마르크스에게…… '단지' 사물인 것은 없다"라고 했습니다. 사물들은 생계를 떠받칠 뿐 아니라 자아를 떠받치는 것이기도 하니까요.[58]

앞서 나는 마르크스가 '자유로운 개인들의 연합'에 대해 말하며 사물들의 '투명성'을 너무 강조하고 있다고 지적했습니다. 가치(교환가치)의 유령을 제거한다고 사물들이 옷을 벗고 참모습을 드러내는 건 아닙니다. 사용가치에도 교환가치 못지않은 유령적 성격이 있으니까요. 사용가치에는 물리적 효용 외에도 사회문화적 가치가 있고 추억과 기억이 있으며 이런 것들과 연결된 정서적 가치가 있습니다. 이런 것들은 제거할 수 없으며 또 제거하는 것이 바람직하다고 말할 수도 없습니다.

II──마르크스의 물신주의와 프로이트의 물신주의

마르크스가 말한 상품 물신주의는 물신주의에 대한 통념과 많이 다르다고 했는데요. 서구에서 이 말이 등장한 것은 18세기 중엽이라고 합니다. 본문에서 언급했듯, 보통 샤를 드 브로스의 책 『물신숭배에 관하여』(1760)를 기점으로 삼습니다.

드 브로스는 16~17세기 포르투갈 상인들이 서아프리카 해안 원주민들과 소통하면서 쓴 피진어(pidgin)에서 페티소(fetisso)라는 단어를 가져왔습니다. 이 단어는 포르투갈어 페티코(fetico)에서 연원한 것인데요. 드 브로스는 이 말이 '마법에 걸린' 내지 '주술에 걸린' 등의 뜻을 지닌 단어 'fatum, fari, fanum' 등의 말에서 유래했다고 보고 그런 의미로 썼습니다. '페티코'의 어원을 드 브로스가 잘못 알았다고 지적한 학자도 있습니다만(이 말은 원래 '만들다'라는 뜻도 지닌 'facticius'에서 유래한 것이고, 아우구스티누스 등이 '우상'에 대해 '인위적인 신'이라고 말할 때 쓰는 단어라는 것이지요),[59] 어떻든 특정한 물건을 신처럼 숭배하는 아프리카 원주민의 원시성을 지칭하는 데 쓴 말입니다.

그런데 마르크스 자신도 초기에는 이런 의미에 가깝게

물신주의라는 말을 사용했습니다. 1842년 그는 『라인신문』에 「목재도둑에 관한 법률 논쟁」이라는 글을 썼는데요. 라인 주의회가 일반적 이해를 대변하지 않고 목재에 집착하는 라인 주 숲 소유자들의 이해만을 대변한다고 비판했습니다. 그러면서 "쿠바의 원주민들이 금을 에스파냐 사람들의 물신으로 간주"했듯이 "쿠바의 원주민들이 라인 주의회에 앉아 있다면 그들은 나무를 라인 주 사람들의 물신이라고 생각"했을 것이라고 했습니다.[60]

　이 글에서 마르크스는 물신이라는 말로 특정한 사물에 집착하는 어떤 미개함을 비난하고 있습니다. 그러나 드 브로스(그리고 헤겔)와는 다른 점이 있지요. 그는 이 말을 원주민이 아니라 근대 유럽인, 즉 에스파냐인들과 독일인들에게 썼습니다.

　마르크스가 1844년에 쓴 「헤겔 법철학 비판 서설」에도 '물신숭배자'(Fetischdiener)라는 말이 나오는데요. 역시 독일인들을 겨냥한 겁니다. 독일인은 추상적 사유만 놓고 보자면 현대의 다른 국민, 이를테면 영국인이나 프랑스인과 동시대인, 즉 현대인인 것처럼 보입니다. 하지만 현실은 그렇지 않았습니다. 독일인은 머리로 극복한 단계조차 현실에서는 도달하지 못합니다. 독일에서는 논쟁이 천상을 둘러싸고만 일어나지 지상으로 내려오질 않습니다. 마르크스는 이런 상황을 물신숭배에 빗댔습니다. "사람들은 독일을 기독교라는 질병을 앓고 있는 물신숭배자에 비유할 수 있게 될 것이다."[61] 일종의 '이념 물신주의'라고 해도 좋을까요. 여기서도 마르크스는 원주민이 아니라 독일인과 기독교를 겨냥했습니다.「목재 도둑에 관한 법률 논쟁」과 다른 점은 여기서 물신은 물건이 아니라 이념 내지 종교라는 것이죠.

『자본』에서 이뤄지는 상품 물신주의 비판은 이런 초기 비판과 다릅니다. 물신주의가 원시인들의 문제가 아니라 현대 유럽인들의 문제라는 점 그리고 금과 기독교를 물신으로 보고 있다는 점은 비슷합니다만,『자본』에서는 물신주의를 특정 사물에 대한 집착이라거나 불합리한 미신이라는 식으로 보지 않았습니다. 마르크스가『자본』에서 말한 물신주의는 현대 부르주아사회와 자본주의 생산양식에 고유한, 상품 일반에 내재한 사회적이고 객관적인 것입니다. 특정 상품이 아니라 상품 일반의 문제이며, 불합리한 미신이 아니라 합리적 형태의 신앙(이신론)입니다.

물신주의에 대한 마르크스의 생각은 프로이트(S. Freud)와 비교해볼 만합니다. 프로이트는「물신주의」Fetischismus (1927)에서 물신이란 '남근의 대체물'이라고 했습니다.[62] 단순한 대체물은 아니고, "남자아이가 그 존재를 믿었던 여성의 남근 혹은 어머니의 남근의 대체물"입니다. 물신주의에 빠진 사람, 소위 절편음란증 환자가 애착을 보이는 물신은 어린 시절 자신이 어머니의 남근이라고 믿었던 물건이라는 겁니다.

중요한 것은 남자아이가 이런 대체물을 갖게 된 이유입니다. 프로이트에 따르면 남자아이는 여성에게 남근이 존재한다는 믿음을 쉽게 포기하지 않으려는 심리가 있습니다. '부인'(Verleugnung)이라는 심리적 기제가 작동하는데요. 남자아이는 한편으로 여성에게 남근이 없다는 걸 지각합니다. 하지만 그것을 지각하는 순간 자신의 남근이 사라질 수 있다는 공포와 불안에 시달립니다. 그래서 반대로 여성에게도 남근이 있다고 생각하려 합니다. 여성에게도 남근이 있지만 자신이 알던 남근과는 다른 남근이 있다는 거죠. 그러고는 어떤 물건을 여성의 남근으로 간주합니다. 여성의 남근 없음을 지각하면서 생겨난 거세 불안을 여성의 남근이 없다는 사실을 부인함으로써 극복하려는 거죠. 이것이 프로이트가 말하는 물신주의(소위 '절편음란증')가 생겨나는 심리적 메커니즘입니다.

여기서 물신이 되는 물건은 외양적으로는 남근을 전혀 닮지 않았습니다. 물신은 여성에게 남근이 없음을 목격하는 저마다의 경험에 따라 달라집니다. 프로이트는 이를 외상성 기억상실증과 연관 짓는데요. 부재의 현실을 목격했던 기억은 사라지고 그 직전에 보았던 물건을 기억해 물신으로 삼습니다. 어떤 인간은 모피를, 어떤 인간은 스타킹을 물신으로 삼는 식이지요.

프로이트가 말한 물신주의는 어찌 보면 지독한 남성중심주의(그리고 덧붙이자면 이성애중심주의)의 산물입니다. 물신의 정립을 통해 남성은 거세 공포를 이겨냈다는 승리감을 느낍니다. 또한 여성에 대한 우월감을 느낍니다. 여성에게 남근이 있다고는 하지만 어떻든 남근의 정상적 원형은 남성의 생식

기이므로, 여성의 남근은 남성의 것에 비해 열등한 것일 수밖에 없으니까요. 남성이 자신의 남근 상실에 대한 두려움을 남근 부재자인 여성에게 열등한 남근을 부여하는 방식으로 극복하는 것입니다.

마르크스의 물신주의와 프로이트의 물신주의는 서로 닮은 점도 있고 다른 점도 있습니다. 프로이트 역시 물신주의를 미개한 종족의 미신적 행위라고 생각하지 않았습니다. 그는 인간에게, 특히 남성에게 보편적인 것으로 간주했습니다. 하지만 마르크스의 상품 물신주의와 달리 프로이트가 말한 물신주의는 역사적인 것이 아닙니다. 프로이트의 물신주의에는 역사성이 없습니다. 또한 마르크스의 상품 물신주의는 모든 상품의 문제입니다만 프로이트에게는 개인적 경험에 따라 특수한 사물이 물신이 됩니다(어떤 사물도 물신이 될 수는 있지만 개인적 경험에 따라 특정화됩니다).

몇 가지 차이점을 더 찾을 수도 있을 텐데요. 그런데 나는 이런 차이에도 불구하고 프로이트의 몇 가지 생각을 마르크스의 분석과 겹쳐보면 어떨까 합니다. 절편음란증 환자가 애착을 보이는 물신은 상품과 비슷한 대목이 있는데, 이것은 한편으로는 남근이 아닙니다만 다른 한편으로는 남근입니다. 이를테면 모피를 물신화하는 절편음란증 환자는 모피를 보면서 또한 남근을 보는 겁니다. 모피를 만지면서 초감각적 남근 또한 만지는 겁니다. 이것은 상품의 '가치'와 닮은 점이 있습니다.

반대로 접근해볼 수도 있습니다. 물신이 되는 사물은 역설적이게도 남근 부재를 나타내는 기호일 수 있으니까요. 남근 대체물이 필요했던 이유는 남근이 없기 때문입니다. 모피를 통해 환자는 안도감과 승리감, 우월감을 느낄 수 있지만 근본적 불안은 여전히 남습니다. 대체물은 남근 부재를 덮어줌과 동시에 환기하니까요. 그래서 그는 더 많은 모피를 모으거나 다른 물신을 찾으려 할지도 모릅니다. 남근 상실의 불안, 더 나아가 애초 남근이란 없는 것이거나 아무것도 아닐지 모른다는 불안이 계속해서 자신을 괴롭히기에, 그는 더 많은 축적으로 그것을 극복하려 들지 모릅니다.

지금으로서는 너무 이른 이야기가 될 것 같습니다만, 만약 우리가 '남근'을 '자본'으로, '자본가'를 거세 불안에 시달리는 '남성'으로 본다면 어떨까요? 남성과 여성의 관계를 자본가와 노동자의 관계로 읽는다면 어떨까요?

자본의 운동이란 사실은 자신의 무가치와 무의미를 '부인'하는 운동이 아닐까. 이를 위해 자본주의는 노동능력을 근본적으로 열등한 것으로 만드는 체제가 아닐까. 자본가는 그런 식으로 잉여가치를 축적하고 자신의 독재를 구축해가는 것 아닐까. 자본가는 남근 상실의 불안 때문에 필사적으로 더 많이 착취하고 더 많이 축적하는 것은 아닐까. 이런 생각을 잠시 해보았습니다.

III──상품이라는 상형문자

마르크스에 따르면 '가치'는 직접 나타나지 못합니다. 한 상품의 가치는 다른 상품의 몸을 빌려 나타납니다. 이 점에서 상품은 가치에 대한 '기호'일 수 있습니다. 의학적으로 말하면 증상이라 해도 좋을 거고요. 증상으로 병을 읽어내듯 우리는 상품을 통해 가치를 읽어내야 합니다. 일종의 해석학이 작동하는 겁니다.

마르크스는 이와 관련해 아주 흥미로운 비유를 썼습니다. "가치는 자기의 이마에 자신이 무엇인지(was er ist)를 써 붙이고 있지 않다. 가치는 오히려 각각의 노동생산물을 사회적 상형문자(gesellschaftliche Hieroglyphe)로 전환시킨다. 나중에 사람들은 상형문자의 의미를 해독해(entziffern) 자신들의 사회적 생산물의 비밀을 알아내려고 한다. 왜냐하면 사용대상을 가치로 규정하는 것은 꼭 언어와 마찬가지로 사회적 산물이기 때문이다."[김, 96]

일단 여기서 마르크스가 '상품'을 '상형문자'에 비유한 것에 주목할 필요가 있습니다. 흥미롭게도 이런 비유를 니체는 '도덕'에 대해 썼습니다. "도덕 계보학자에게 어떤 색은 푸른색보다 백배나 더 중요할 수 있다는 것은 명백하다. 즉 그것은 말하자면 회색인데, 문서로 기록된 것, 실제로 확증할 수 있는 사실, 실제로 있었던 것이다. 간단히 말하면, 오랫동

187

안 판독하기 어려웠던 인간의 도덕적 과거사의 상형문자 전체다!"[63] 계보학자의 작업이란 상형문자의 해독과 같습니다. 니체에게 도덕이란 정동(정서, Affekte)을 나타내는 '기호언어'(Zeichensprache)였으니까요.[64] 우리에게 도덕이라는 기호가 주어져 있고 우리는 그 기호를 해석해 우리를 지배하는 충동과 의지 등 정동들을 읽어내야 합니다.

프로이트도 똑같은 비유를 썼습니다. 그는 '꿈'을 상형문자에 비유했습니다.[65] 꿈은 직접 드러날 수 없는 우리의 억압된 충동이 나타난 기호이자 증상입니다. 프로이트의 표현을 따르자면 우리의 '꿈-작업'은 '꿈-사고'를 나타내는데요. 우리의 억압된 충동은 "고대의 상형문자로 글을 쓰는 사람"입니다. '꿈의 해석'이란 이 상형문자를 해석해 그의 '꿈-사고'를 읽어내는 것이지요.

이렇게 마르크스와 니체와 프로이트가 모두 상형문자라는 비유를 썼습니다만, 상형문자를 통해 읽어내고자 하는 바의 성격은 조금 다릅니다. 니체와 프로이트에게 그것이 '정동적인 것'이라면 마르크스에게는 '사회적인 것'이니까요. 하지만 이런 차이에도 불구하고 상품과 도덕과 꿈을 기호로서 해석해야 한다는 태도는 같습니다. 우리 앞에 있는 것은 기호이고 증상이지 그 자체로 자명한 사실이 아니라는 생각을 한 겁니다.

상품, 도덕, 꿈은 우리에게 나타난 바, 현상하는 바일 따름입니다. 그런데 상품 생산자도, 도덕 행위자도, 꿈꾸는 사람도 그 의미를 바로 알지 못합니다. 상품 생산자는 자신이 생산한 물건의 가치를 그것과 교환되는 물건을 통해서만 인식합니다. 두 물건의 교환이, 둘이 마주할 때조차 사회적인 것의 표현이라는 것을 인식하지 못하는 것이죠. 그것도 단순히 물건들 사이의 관계가 아니라, 그것을 생산한 사람들 사이의 사회적 관계라는 것을 알지 못합니다. 마르크스의 말대로 다만 알지 못한 채 행하는 거죠. 우리는 우리에게 나타난 증상을 알지 못합니다. '상품'은 우리가 앓고 있는 증상입니다. 마르크스의 비판은 우리가 앓고 있는 이 증상에 대한 해석이라고 할 수 있겠습니다.

IV── 엥겔스와 가치법칙

마르크스가 화폐형태의 발생을 설명하면서 보여준 가치형태의 전개과정은 논리적인 것이지 역사적인 것은 아니라고 했습니다. 하지만 이것을 역사적 발전 순서로 보고 싶어하는 사람들이 있었습니다. 누구라고 할 것 없이 엥겔스에게 이런 욕구가 있었던 것 같습니다. 『자본』의 출판 전 원고를 읽고 나서 엥겔스는 마르크스에게 "여기에서 변증법적으로 획득된 것을 더 광범위하게 역사적으로 증명"해보라고 제안합니다.[66] 마르크스는 이 제안을 받아들이지 않았습니다. '자본주의'라는 특수한 역사적 형태를 분석한 뒤 다시 종합한 것이니, 가치형태의 전개과정은 이미 자본주의 생산양식을 전제하기 때문입니다.

생산양식과 사회형태의 역사성에 대한 강조는 아무리 해도 지나치지 않을 겁니다. 상품, 가치, 추상노동 등의 개념은 그에 부합하는 사실들의 역사적 출현을 전제합니다. 그러니 『자본』 제1장의 논의도 당연히 자본주의라는 역사적 생산양식을 전제합니다. 이 점을 마르크스는 일찍부터 강조했습니다. 『정치경제학 비판 요강』을 집필했던 1858년 그는 엥겔스에게, 자신이 저술할 여섯 권의 책 중 제1권 '자본에 대하여'를 개략적으로 소개했는데요. 첫 부분을 '가치'에 대한 논의로 시작하면서, 가치란 "부르주아적 부의 가장 추상적 형태"라고 했습니다. 그러면서 "추상이라 하더라도, 이 추상은 다름 아니라 사회의 특정한 경제적 발전을 기초로 해야만 이루어질 수 있었던 역사적 추상"이라고 했습니다.[67] '역사적 추상'이라는 말이 눈에 띄지요? 본문에서 말한 추상노동의 역사성과 같은 맥락입니다.

그런데 엥겔스는 가치의 생산과 결정에 대한 마르크스의 논의를 자본주의 너머까지 적용하고자 했습니다. 그는 '가치법칙'(Wertgesetz)이라는 표현을 많이 썼는데요. 자연과학 법칙처럼 보편적이고 초역사적인 것으로 만들고 싶은 열망이 보입니다. 그런데 '가치법칙'이라는 말은 정작 『자본』 제1장에는 한 번도 출현하지 않습니다. 『자본』 제3권까지 통틀어도 극히 드물게 사용된 단어입니다. 그런데 엥겔스는 '가치법칙'이라는 말을 '전면에서' 제기했습니다. 『자본』 제3권을 펴내면서 「가치법칙과 이윤율」 Wertgesetz und Profitrate이라는 논문을 부록으로 덧붙였어요.

흥미로운 것은 엥겔스 역시 가치에 관한 논의가 역사적으로 특수한 생산양식에 속한다는 것을 알고 있었다는 점입니다. 그는 논문에서 베르너 좀바르트(W. Sombart)를 아주 우호적으로 평가했는데요.[68] 좀바르트는 『사회입법기록』 *Archiv für soziale Gesetzgebung*이라는 잡지에 마르크스 사유의 체계를 개관했습니다. 엥겔스는 이 글에 대해 "매우 우수하다. 독일의 대학교수가 마르크스 저작에서 마르크스가 실제로 무엇을 말하였는가를 대체로 파악할 수 있게 된 것은…… 처음 있는 일"이라고 했으니까요.

그런데 좀바르트는 이 글에서 마르크스의 '가치법칙'의 역사성을 강조합니다. "이 가치법칙의 전반적 내용은 상품의 가치란…… 노동생산성이 자기의 규정적 작용을 실현하는 특수한 역사적 형태라는 점에 있다"라고요. 이에 대해 엥겔스는 좀바르트의 지적이 "잘못된 것은 아니"라고 말합니다. 대체로 잘 파악했다는 것이죠. 하지만 가치법칙의 역사성에 대한 지적이 "가치법칙이 사회의 경제발전단계에 대해 가지는 의의 전부를 포괄하는 것은 결코 아니"라고 했습니다.[69] 소위 가치법칙을 자본주의라는 역사적으로 특수한 생산양식에 한정하면 그 의의를 충분히 보여주지 못한다는 거죠. 엥겔스는

가치법칙의 의의가 자본주의를 넘어설 수 있다는 뉘앙스를
풍깁니다.

　마르크스가 『자본』 제3권에서 '가치법칙'이라는 말을 쓴
부분이 있는데요. 여기서 마르크스는 "상품들이 가치대로 또
는 거의 가치대로 교환되는 것은, 상품들이 생산가격에 따라
교환되는 것―이를 위해서는 일정한 정도의 자본주의적 발
전이 필요하다―보다는 훨씬 낮은 발전단계에 대응하고 있
다"[70] 라고 밝힙니다. 낮은 발전 단계에서는 가치와 가격의
괴리 현상이 적다는 말인데(참고로 가치와 가격의 괴리 문제는 이
시리즈의 3권에서 따로 다룰 겁니다), 이 부분을 인용하면서 엥겔
스는 한 부족이 다른 부족과 교환할 때 그리고 중세 농민들이
수공업자가 만든 물건의 가치를 계산할 때, 물건을 제조하는
데 필요한 노동시간을 대체로 정확히 알고 있었다고 주장합
니다. 『자본』 제1권 제1편에서 서술한 '노동시간에 의한 가치
결정'이 자본주의 이전의 생산양식에서도 어느 정도 관철되
었다는 이야기죠. 그러면서 아주 과감한 주장을 폅니다. "마
르크스의 가치법칙은―생산물을 상품으로 전환시키는―교환
의 시초로부터 15세기에 이르기까지 그 기간에 걸쳐 일반적
인 경제적 타당성을 지니고 있다. 그런데 상품교환은 기록된
역사 이전부터 시작하며 이집트에서는 적어도 기원전 3500
년까지, 바빌론에서는 기원전 4000년 또는 6000년까지 소
급하기 때문에 가치법칙은 5000~7000년 동안 지배한 것이
다."[71]

엥겔스는 『자본』 제1장의 논의를 무려 5000~7000년까지 확장한 겁니다. 인간이 물건을 만들고 교환한 모든 시대로 확장한 셈인데요. '역사적 추상'이라는 마르크스의 말이 무색할 정도입니다. 생산물의 교환이라는 장면에만 한정한 것이며 다른 많은 나머지, 무엇보다 시장의 자유로운 교환과 상충하는 과거 공동체들의 다양한 규칙을 전혀 고려하지 않았습니다.

앞으로 시리즈 3권에서 살펴보겠습니다만, 과거 공동체들, 특히나 '원시공동체들'에서는 생산자 개인이 물건의 가치를 측정하고 교환하지 않았으며, 교환의 목적도 꼭 경제적인 데 한정되지 않았습니다. 부족들 사이의 친교나 유대를 위한 것도 많았으니까요. 교환가치의 척도가 생산시간이었을 것이라는 주장도 19세기적 관념을 역으로 투사했다는 느낌을 줍니다. 신분적 가치, 주술적 가치 등도 큰 역할을 했을 테니까요.[72]

상품가치에 관한 마르크스의 논의를 역사적으로 조금 더 확장해보는 방법이 아주 없지는 않습니다. 역사상 국소적으로 나타난 자본주의를 생각해볼 수 있겠습니다(아주 조심스러운 이야기이지만요). 자본주의의 어떤 요소, 어떤 면모가 부분적으로 나타날 수 있다는 의미에서요. 『자본』의 본문 첫 문장이 "자본주의 생산양식이 지배하는 사회의 부는……"인데, 여기서 '지배하는'이라는 말에 주목해보는 거죠. 그렇다면 '자본주의 생산양식이 존재하기는 하지만 지배하지는 않는'

사회라는 말도 논리적으로는 가능하니까요.

　　마르크스는 상품교환이 공동체 내부가 아니라 공동체의 바깥, 공동체들의 경계에서 생겨난다고 했습니다. 물건의 상업적 교환이 공동체 안에서 자리 잡지는 못하지만 공동체들 사이에선 나타난다는 겁니다. 국소적으로 공동체 외부에서 상품교환 관계가 만들어지는 거죠. 하지만 상품교환이 이렇게 국소적으로 공동체 바깥에서 일어난다고 하더라도, 이를 두고 자본주의에서처럼 '가치'결정이 이루어진다고 말하는 것은 너무 나간 이야기입니다. 자본주의사회에서 볼 수 있는 어떤 면모가 국소적으로 확인될 뿐이거든요. 사실 나는 마르크스의 사유를 '역사를 관통하는 법칙'으로 만들고자 한 엥겔스의 열망이 마르크스의 사유를 빛나게 하기보다 오히려 퇴색하게 만드는 것은 아닌가 생각합니다.

주

1   K. Marx, *Grundrisse der Kritik der politischen Ökonomie* "Einleitung", 1857(최인호 옮김, 『정치경제학 비판 요강』 「서설」, 『카를 마르크스 프리드리히 엥겔스 저작선집』, 제2권, 박종철출판사, 2008, 461쪽).

2   K. Marx, "Lohn, Preis und Profit", 1865(김호균 옮김, 「임금, 가격 및 이윤」, 『경제학노트』, 이론과실천, 1987, 229쪽).

3   K. Marx, *Grundrisse der Kritik der politischen Ökonomie,* 1857(김호균 옮김, 『정치경제학 비판 요강』, III, 백의, 2000, 189쪽).

4   K. Marx, 김호균 옮김, 『정치경제학 비판 요강』, I, 백의, 2000, 213쪽.

5   A. Smith, *An Inquiry into the Nature and Causes of the Wealth of Nations,* 1776(김수행 옮김, 『국부론』, 상권, 동아출판사, 1996, 39쪽).

6   D. Ricardo, *On The Principles of Political Economy and Taxation,* 1817(정윤형 옮김, 『정치경제학 및 과세의 원리』, 비봉출판사, 1991).

7   G. Agamben, *Stanze: la parola e il fantasma nella cultura occidentale,* 1977(윤병언 옮김, 『행간』, 자음과모음, 2015, 93쪽).

8   W. Benjamin, *Gesammelte Schriften: Band V: Das PassagenWerk,* V-1, Suhrkamp, 1991(조형준 옮김, 『아케이드 프로젝트』, 1, 새물결, 2005, 120쪽, 재인용).

9   Quentin Lewis, "Shopping with Karl: Commodity Fetishism and the Materiality of Marx's London", *Archaeologies: Journal of the World Archaeological Congress,* 2010.

10 Quentin Lewis, 같은 논문, p. 159.

11 F. Wheen, *Karl Marx,* 1999(정영목 옮김, 『마르크스 평전』, 푸른숲, 2002, 404~405쪽).

12 A. Smith, 김수행 옮김, 『국부론』, 상권, 동아출판사, 1996, 34쪽.

13 Aristoteles, *Politica,* B.C. 4C(천병희 옮김, 『정치학』, 도서출판 숲, 2009, 42쪽).

14 가라타니 고진, 『マルクスその可能性の中心』, 1978(김경원 옮김, 『마르크스 그 가능성의 중심』, 이산, 1999, 23쪽).

15 J. Derrida, *Spectres de Marx,* 1993(진태원 옮김, 『마르크스의 유령들』, 이제이북스, 2007).

16 K. Marx·F. Engels, *Manifest der Kommunistischen Partei,* 1848(최인호 옮김, 『공산주의당선언』, 『카를 마르크스 프리드리히 엥겔스 저작선집』, 제1권, 박종철출판사, 1993, 399쪽).

17 K. Marx, *Der 18te Brumaire des Louis Napoleon,* 1852(최인호 옮김, 『루이 보나파르트의 브뤼메르 18일』, 『카를 마르크스 프리드리히 엥겔스 저작선집』, 제2권, 박종철출판사, 2008, 287쪽).

18 같은 책, 같은 쪽.

19 같은 책, 290쪽.

20 Aristoteles, *Ethica Nicomachea*(이창우·김재홍·강상진 옮김, 『니코마코스윤리학』, 이제이북스, 2006, 179쪽).

21 A. Smith, 김수행 옮김, 『국부론』, 상권, 동아출판사, 1996, 54~55쪽.

22 D. Ricardo, 정윤형 옮김, 『정치경제학 및 과세의 원리』, 비봉출판사, 1991, 75~76쪽.

23 A. Tocqueville, *L'Ancien Regime et la Revolution,* 1859(이용재 옮김, 『앙시앵레짐과 프랑스혁명』, 박영률출판사, 2006, 8장과 9장 참조).

24 F. Nietzsche, *Jenseits von Gut und Böse, #202, #253*, 1886(김정현
    옮김, 『선악의 저편/도덕의 계보』, 책세상, 2002, 161쪽, 258쪽).

25 K. Marx, *Zur Kritik der Politischen Ökonomie*, 1859(김호균 옮김,
    『정치경제학 비판을 위하여』, 중원문화, 2017, 22쪽).

26 Aristoteles, 위의 책, 179~180쪽.

27 D. Harvey, *A Companion to Marx's Capital*, 2010(강신준 옮김,
    『데이비드 하비의 마르크스『자본』강의』, 창비, 2014, 65쪽).

28 K. Marx, "맨체스터의 엥겔스에게"(1867년 6월 3일 편지), MEW 31,
    301쪽.『자본』출간과 관련된 마르크스와 엥겔스의 편지들 모음은
    다음 책을 참고. Karl Marx·Friedrich Engels, Über *"Das Kapital"*:
    Briefwechsel, ausgewählt und eingeleitet vom Hannes Skambraks,
    1985(김호균 옮김, 『자본론에 관한 서한집』, 중원문화, 2012)

29 F. Engels, "런던의 마르크스에게"(1867년 6월 16일 편지). MEW 31,
    303쪽.

30 K. Marx, "맨체스터의 엥겔스에게"(1867년 6월 22일 편지). MEW 31,
    306쪽.

31 W. Benjamin, Gesammelte Schriften: Band V: Das PassagenWerk,
    V-1, Suhrkamp, 1991, p. 1228(조형준 옮김, 『아케이드 프로젝트』, 1,
    새물결, 2005, 121쪽). 본문에 인용한 번역문은 독어판을 바탕으로
    수정한 것이다.

32 W. Benjamin, Gesammelte Schriften: Band V: Das PassagenWerk,
    V-1, Suhrkamp, 1991, p. 267[G 16, 6](조형준 옮김, 『아케이드
    프로젝트』, 1, 새물결, 2005, 521쪽).

33 W. Benjamin, 앞의 책, 같은 쪽.

34 Jean-Luc Nancy, *Noli me Tangere,* 2003(이만형·정과리 옮김, 『나를
    만지지 마라』, 문학과지성사, 2015, 43쪽).

35 K. Marx, "맨체스터의 엥겔스에게"(1867년 6월 22일 편지).

36 T. Hobbes, *Leviathan, or The Matter, Forme and Power of a Common-
    Wealth Ecclesiastical and Civil,* 1651(한승조 옮김, 『군주론/리바이어던』,
    삼성출판사, 1995, 263쪽).

37 이진경, 『자본을 넘어선 자본』, 그린비, 2004, 78쪽.

38 R. Girard, *La Violence et le Sacre,* 1972(김진식·박무호 옮김, 『폭력과
    성스러움』, 민음사, 2002, 388쪽).

39 같은 책, 409쪽

40 D. Harvey, 위의 책, 78쪽.

41 P. Osborne, *How to Read Marx,* 2005(고병권·조원광 옮김, 『How to
    Read 마르크스』, 웅진지식하우스, 2007, 30~31쪽).

42 G. W. F. *Hegel, Die Vernunft in der Geschichte,* 1822~1831(임석진
    옮김, 『역사 속의 이성』, 지식산업사, 1994, 295~297쪽.

43 같은 책, 309~310쪽.

44 J. Derrida, "Marx and Sons"(진태원·한형식 옮김, 「마르크스와 아들들」,
    『마르크스주의와 해체』, 도서출판 길, 2009, 180쪽).

45 E. Balibar, *La philosophie de Marx,* 1993(윤소영 옮김, 『마르크스의 철학
    마르크스의 정치』, 문화과학사, 1995, 92쪽).

46 K. Marx, *Kritik des Gothaer Programms,* 1875(이수흔 옮김, 「고타강령
    초안 비판」, 『카를 마르크스 프리드리히 엥겔스 저작선집』, 제4권,
    박종철출판사, 1995, 375~377쪽).

47 같은 책, 375쪽.

48 같은 책, 377쪽.

49 A. Merrifield, *Magical Marxism*, 2011(김채원 옮김, 『마술적 마르크스주의』, 책읽는수요일, 2013).

50 K. Marx, 최인호 옮김, 『정치경제학 비판 요강』 「서설」, 『카를 마르크스 프리드리히 엥겔스 저작선집』, 제2권, 박종철출판사, 2008, 467쪽.

51 K. Marx, "맨체스터의 엥겔스에게"(1867년 4월 2일 편지), MEW 31, 281쪽.

52 P. Stallybrass, "Marx's Coat", ed. by P. Spyer, *Border Fetishisms: Material Objects in Unstable Spaces*, Routeledge, 1998, p. 202.

53 P. Stallybrass, 같은 논문, p. 187.

54 K. Marx, *Der 18te Brumaire des Louis Napoleon*, 1852(최인호 옮김, 『루이 보나파르트의 브뤼메르 18일』, 『카를 마르크스 프리드리히 엥겔스 저작선집』, 제2권, 박종철출판사, 2008, 371쪽).

55 K. Marx, 같은 책, 393쪽.

56 P. Stallybrass, 같은 논문, 196쪽.

57 K. Marx, "맨체스터의 엥겔스에게"(1852년 10월 27일 편지), MEW 28, 167쪽.

58 P. Stallybrass, 위의 논문, 203쪽.

59 G. Agamben, 윤병언 옮김, 『행간』, 자음과모음, 2015, 84쪽.

60 Marx an Ruge(Kreuznach, im September, 1843), Briefe aus den "Deutsch-Französischen Jahrbuchern", MEW 1, 344쪽(전태국 외 옮김, 『마르크스의 초기 저작: 비판과 언론』, 1996, 열음사, 242~243쪽).

61　K. Marx, "Zur Kritik der Hegeischen Rechtsphilosophie. Einleitung", 1844(최인호 옮김, 「헤겔법철학의 비판을 위하여」, 『카를 마르크스 프리드리히 엥겔스 저작선집』, 제1권, 박종철출판사, 1993, 11쪽.

62　S. Freud, *Fetischismus*, 1927(김정일 옮김, 「절편음란증」, 『성욕에 관한 세 편의 에세이』, 프로이트 전집 7, 열린책들, 2003.

63　F. Nietzsche, *Zur Geneologie der Moral, Vorrede* #7(김정현 옮김, 『선악의 저편/도덕의 계보』, 책세상, 2002, 346쪽).

64　F. Nietzsche, *Jenseits von Gut und Böse*, #187(김정현 옮김, 『선악의 저편/도덕의 계보』, 책세상, 2002, 140쪽).

65　S. Freud, *Die Traumdeutung*, 1899(김인순 옮김, 『꿈의 해석』, 열린책들, 2009, 335쪽, 404쪽).

66　F. Engels, "런던의 마르크스에게"(1867년 6월 16일 편지).

67　K. Marx, "맨체스터의 엥겔스에게"(1858년 4월 2일자 편지).

68　F. Engels, "Wertgesetz und Profitrate", 1894(김수행 옮김, 「가치법칙과 이윤율」, 『자본론』 III(하), 비봉출판사, 2015, 1130~1131쪽).

69　같은 논문, 1131쪽.

70　K. Marx, 김수행 옮김, 『자본론』, III(상), 비봉출판사, 2015, 255~256쪽.

71　F. Engels, 위의 논문, 1137쪽.

72　고병권, 『화폐, 마법의 사중주』, 그린비, 2005. 제4장의 논의 참고.

북클럽『자본』Das Buch Das Kapital
2—— 마르크스의 특별한 눈

지은이   고병권
2018년 10월 29일 초판 1쇄 발행
2021년 6월 7일 초판 3쇄 발행

책임편집   남미은
편집   선완규·김창한·윤혜인
디자인   심우진 simwujin@gmail.com
활자   [Sandoll 정체] 530, 530i, 630
펴낸곳   천년의상상
등록   2012년 2월 14일 제2020-000078호
전화   (031) 8004-0272
이메일   imagine1000@naver.com
블로그   blog.naver.com/imagine1000

ⓒ고병권, 2018

ISBN 979-11-85811-65-9 04100
       979-11-85811-58-1 (세트)

잘못된 책은 구입처에서 바꾸어드립니다